もやもやを解消！
中国語文法ドリル

永江貴子
Takako NAGAE

SANSHUSHA

はじめに

　中国語について「文法はだいたい習ったけど、あやふやな点が多いな」「いつまでたっても、"了"が必要か、どこにつけるかが、もやもやする」「通じるけど、文法ミスをよく直される」「もう一度しっかり復習したい」などと悩んでいませんか？　中国語の初級段階の学習を一通り終え、さらにステップアップしたい、なぜ間違っているのか調べてもよく分からないし、ネイティブに聞いてもはっきりした答えを得られずさらに混乱してしまっている方を対象にこの本を書きました。

　本書では、多くの学習者の頭を悩ませる"了"、「語順」、「補語」をテーマに30項目取り上げました。まず「キホンのルール」でおさらいをし、「ポイント」で必要な文法項目を学び、練習問題を通して定着を図ります。さらに、各課の重要項目をまとめた「すっきり」、もっと詳しく知りたい方のための「＋α」もあります。本文の中国語には、学習しやすいようにほぼピンインをつけています。

　中国語は日本語と同じ漢字を用い、さらに英語のように複雑な語形変化もないため、初めは学びやすく感じます。しかし学習が進むと、過去形をどう表せばよいのか、語順によって意味が異なってしまうのでどの順にすればよいのか、さらには補語で「動作の結果」や「動作の方向」などの必要性も考えなければいけなくなるので、いったん覚えたと思っていたことも、分からなくなってしまいます。

　ただ、この本を読んで、混乱していたものも1つ1つ丁寧に見ていけば、絡まった要素はほぐれ、きっと解決していくでしょう。

　本書を通して皆さんの「もやもや」が「すっきり」と解消することを、そして長く中国語と親しめるように願っています。

永江 貴子

中国語文法
ここがもやもやする

"了"

我在中国的时候常常吃~~了~~水饺。

我听过一首歌,
我听了一首歌,

去年冬天特别冷~~了~~。

看~~了~~电影。
看电影了。

我学了三年。
我学了三年了。

語順

来客人了。
客人来了。

我见过他一次面。

我告诉他一件事。
这件事我告诉他。

手机好像被他偷走了。

他每天跑三十分钟。

補語

"不能回来"
"回不来"

~~"走进去电影院"~~
"走进电影院去"

"买到" "买好" "买完"

"得不得了" "死了"

"开心地玩儿"
"玩儿得很开心"

本書の使い方

　本書は、入門文法書を終えたレベルの人が、初級文法の苦手な個所を無理なく習得、次のステップに進めるように配慮しました。

① **「キホンのルール」**
この文法項目で、基本となる知識です。うろ覚えの場合は、しっかり復習しましょう。

② **「ポイント」** この文法項目をより深く理解するためのポイントです。「キホンのルール」の細則、例外などにあたります。

③ **「練習問題」** 前のページの知識を生かして問題を解いてみましょう。解答は巻末にあります。全問解き終わってから見るようにしましょう。

④ **「すっきり」** この文法項目を攻略するための公式、アドバイスをまとめました。

⑤ **「＋α」** 練習問題中に含まれる語法などを中心に補足説明しています。表現の幅を広げるのにも有効です。余裕のある人はぜひ活用ください。

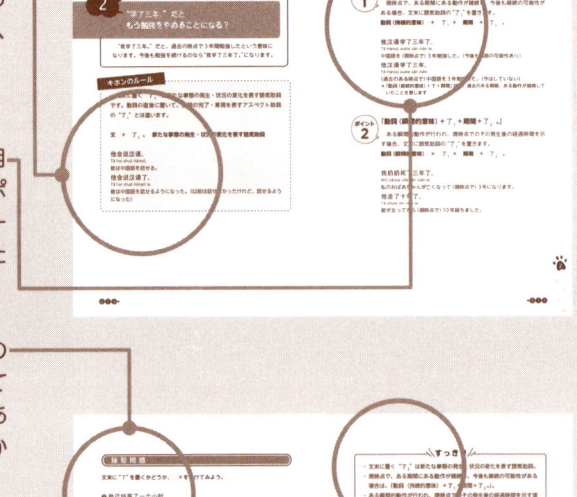

＊巻末付録「中国語文法早わかりシート」は、各課の「キホンのルール」「ポイント」をもとに再構成しています。

もくじ

中国語文法ここがもやもやする ……………………………………………… 4
本書の使い方 ……………………………………………………………………… 6

第1部　"了"がもやもやする！

1 中国語は時制よりアスペクト ……………………………………………14
「〜た」は"了"ではない？

2 語気助詞の"了" ……………………………………………………………18
"学了三年。"だともう勉強をやめることになる？

3 「動詞＋了＋目的語」 ……………………………………………………22
"看了电影""看电影了"？　"了"はどこに置けばいいの？

4 セットで使われる"了" ……………………………………………………26
完了と変化以外でも"了"を使いますよね？

5 「形容詞〜＋了。」 …………………………………………………………30
「寒かった」は"冷了"じゃいけないの？

6 近未来の"了" ……………………………………………………34

まだ仕事してないのに"工作了。"？

7 経験の"过" ……………………………………………………38

「〜したことがある」なのに"过"でなく"了"？

8 背景や状況の提示 ……………………………………………42

"着"は進行を表してないの？

9 完了したのに"了"が使えない ………………………………46

過去なのに"了"をつけてはいけない？

10 結果の持続の"了" ……………………………………………50

「〜ている」なのに"了"？

第2部　語順がもやもやする！

11 語順のルール …………………………………………………56

語順が混乱したときは？

12　様態補語 ……………………………………………… 60
同じ動詞を1つの文で2回使うのはどういうとき？

13　数の位置 ……………………………………………… 64
数を使った表現はどこに置けばいい？

14　受身文 ………………………………………………… 68
"被"を使う受身文で、"不"や副詞はどこに置けばいいですか？

15　2つの目的語 ………………………………………… 72
目的語が2つ出てきたら、どっちが先？

16　比較文 ………………………………………………… 76
目的語がある場合、比較文をどう作ればいい？

17　離合詞 ………………………………………………… 80
"毕业"など離合詞はいつ離して使うの？

18　存在・出現 …………………………………………… 84
"来客人了。"と"客人来了。"は、意味が違う？

19　名詞の場所性 ………………………………………… 88
"里"や"上"をつけた方がいいのかどうか？

20 "有点儿""一点儿""一会儿" ……………………………………… 92

「ちょっと」はどこに入れる？

第3部　補語がもやもやする！

21 中国語の補語 ……………………………………………………… 98

補語っていろいろあるけど何？

22 状語 ……………………………………………………………… 102

「楽しく遊ぶ」は、"开心"と"玩儿"どっちが先？

23 程度補語"得" …………………………………………………… 106

補語の"得"をつける？　つけない？

24 結果補語・結果補語の諸相 …………………………………… 110

「受け取った」の結果をどう表す？

25 完成の結果補語 ………………………………………………… 114

"买到""买好""买完"がうまく使えません。

26 方向補語 ……………………………… 118
　"来"や"去"は、いつつければいいの？

27 複合方向補語 …………………………… 122
　方向補語を2つつけるって、どんなとき？

28 方向補語と目的語 ……………………… 126
　"走进去电影院"ですか？　"走进电影院去"ですか？

29「できない」の使い分け ………………… 130
　"不能回来"と"回不来"の違いは？

30 "上""下"の派生的意味 ………………… 134
　"上"は「上へ上がる」とは限らない？

練習問題の解答 ……………………………… 138
中国語文法早わかりシート ………………… 144
語順のまとめ ………………………………… 158

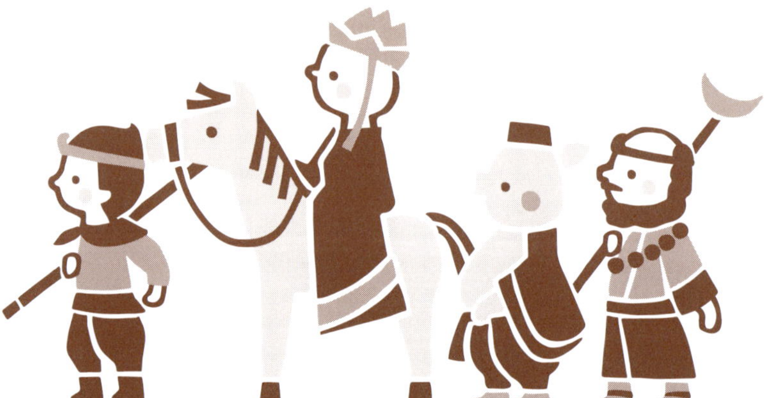

第1部

"了"がもやもやする！

ある程度中国語が使えるようになっても、"了"を使いこなせない人が多いのではないでしょうか。日本語のように時制をよりどころとした発想から、中国語的な"アスペクト"をよりどころとする発想に変更することができれば、使いこなせるようになるでしょう。

もやもや 1 中国語は時制よりアスペクト

「〜た」は"了"ではない？

「〜た」は"了"ではありません。動詞の後につける"了₁"を「〜た」、つまり「過去形」と思ってしまっている方が多いと思います。日本語や英語と、中国語の発想の大きく違う点です。これが"了"に関する混乱の原因です。中国語では時制ではなく「アスペクト」で考えます。動詞の後ろにつける"了₁"は、動作の完了や実現というアスペクトを表します。ですから、過去でも、現在でも、未来でも使えるのです。時制で分類するわけではありません。

キホンのルール

日本語や英語では、時制を重視してきました。一方、中国語では「アスペクト」「相」と呼ばれるものを重視します。「その動作がどの段階なのか？」ということです。「進行しているのか？」「完了しているのか？」「経験したことがあるのか？」という3つの段階があります。

ポイント1 動作の進行・持続

まず、動作の進行・持続というアスペクトがあります。
・〜している

　　在　＋　動詞　＋　（呢）。
　　正在　＋　動詞　。

　他在跑（呢）。／　他正在跑。
　Tā zài pǎo ne.　　Tā zhèngzài pǎo.
　彼は走っている。

- (ある状態が) 続いている

（正） ＋ 動詞 ＋ 着 ＋ （呢）。

他(正)跑着(呢)。
Tā zhèng pǎozhe ne.
彼は走っている。（走るという状態が続いている）

ポイント2 動作の完了

次に、動作の完了というアスペクトがあります。
- 〜した

動詞 ＋ 了₁ 〜 。

他跑了一圈。
Tā pǎole yì quān.
彼は1周走った。

ポイント3 動作の経験

そして、動作の経験というアスペクトがあります。
- 〜したことがある

動詞 ＋ 过 。

他跑过吗?
Tā pǎoguo ma?
彼は走ったことがありますか？

我学过德语。
Wǒ xuéguo Déyǔ.
私はドイツ語を学んだことがある。

練習問題

1つ選んで入れてみよう。
[着，在，过，了，正在，呢，正]

❶ 他们都（　　）开会呢。
　　Tāmen dōu　　　kāi huì ne.

彼らはずっと会議をしている。

❷ 窗户好像没开（　　）。
　　Chuānghu hǎoxiàng méi kāi.

窓は開いていないようです。（開いていない状態が続いている）

❸ 刚才我们谈（　　）很多话。
　　Gāngcái wǒmen tán　　　hěn duō huà.

先ほど私たちはたくさんのことを話した。

❹ 你学（　　）法语吗?
　　Nǐ xué　　　Fǎyǔ ma?

君はフランス語を学んだことがありますか？

❺ 外边（　　）下着大雨呢。
　　Wàibiān　　　xiàzhe dàyǔ ne.

外は大雨が降っている。

❻ 小王做什么（　　）?
　　Xiǎo Wáng zuò shénme　?

王さんは何をしているの？

❼ 他们（　　）看树上的小鸟。
　　Tāmen　　　kàn shùshang de xiǎoniǎo.

彼らは木の上の小鳥を見ている。

すっきり

- 日本語の過去形の「〜た」と聞いたら"了"と考えるのはやめよう。
- 中国語では時制ではなく、「その動作がどの段階なのか？」という「アスペクト」で考える。
- 「進行しているのか？」「完了しているのか？」「経験したことがあるのか？」という３つの段階がある。

+α　"了₁"と時制

動詞の後ろにつける"了₁"は、動作の完了や実現を表すので、過去でも、現在でも、未来でも使えます。

・過去

昨天我买了许多书。
Zuótiān wǒ mǎile xǔduō shū.
昨日私はたくさんの本を買いました。

・現在

他家养了一只猫。
Tā jiā yǎngle yì zhī māo.
彼の家では猫を１匹飼っている。

・未来

我有了钱就给父母买房子。
Wǒ yǒule qián jiù gěi fùmǔ mǎi fángzi.
私はお金ができたら、両親に家を買います。

もやもや 2 　語気助詞の"了"

"学了三年。"だと もう勉強をやめることになる？

"我学了三年。"だと、過去の時点で3年間勉強したという意味になります。今後も勉強を続けるのなら"我学了三年了。"になります。

キホンのルール

文末に置く"了₂"は新たな事態の発生・状況の変化を表す語気助詞です。動詞の直後に置いて、動詞の完了・実現を表すアスペクト助詞の"了₁"とは違います。

文 ＋ 了₂。　新たな事態の発生・状況の変化を表す語気助詞

他会说汉语。
Tā huì shuō Hànyǔ.
彼は中国語を話せる。

他会说汉语了。
Tā huì shuō Hànyǔ le.
彼は中国語を話せるようになった。（以前は話せなかったけれど、話せるようになった）

ポイント 1

「動詞（持続的意味）＋了₁＋期間＋了₂。」

現時点で、ある期間にある動作が継続し、今後も継続の可能性がある場合、文末に語気助詞の"了₂"を置きます。

動詞（持続的意味） ＋ 了₁ ＋ 期間 ＋ 了₂ 。

他汉语学了三年了。
Tā Hànyǔ xuéle sān nián le.
中国語を（現時点で）3年勉強した。（今後も継続の可能性あり）

他汉语学了三年。
Tā Hànyǔ xuéle sān nián.
（過去のある時点で）中国語を3年勉強した。（今はしていない）

＊「動詞（継続的意味）＋了＋期間」だと、過去のある期間、ある動作が継続していたことを表します

ポイント 2

「動詞（瞬間的意味）＋了₁＋期間＋了₂。」

ある瞬間的動作が行われ、現時点でのその発生後の経過時間を示す場合、文末に語気助詞の"了₂"を置きます。

動詞（瞬間的意味） ＋ 了₁ ＋ 期間 ＋ 了₂ 。

我奶奶死了三年了。
Wǒ nǎinai sǐle sān nián le.
私のおばあちゃんが亡くなって（現時点で）3年になります。

他走了十年了。
Tā zǒule shí nián le.
彼が去ってから（現時点で）10年経ちました。

練 習 問 題

文末に "了" を置くかどうか、○×をつけてみよう。

❶ 他已经等了一个小时。
Tā yǐjīng děngle yí ge xiǎoshí.

彼はすでに1時間も待っている。（今後も待つ可能性あり）

❷ 他已经等了一个小时。
Tā yǐjīng děngle yí ge xiǎoshí.

彼はもう1時間待った。（今は待っていない）

❸ 我爷爷死了十年。
Wǒ yéye sǐle shí nián.

私のおじいちゃんは、亡くなって（現時点で）10年になる。

❹ 我今天游了五百米。
Wǒ jīntiān yóule wǔ bǎi mǐ.

私は今日500メートル泳いだ。（この後もう少し泳ぐ）

❺ 他今天游了一千米。
Tā jīntiān yóule yì qiān mǐ.

彼は今日1000メートル泳いだ。（今日はもう泳がない）

❻ 昨天我看了一段话，笑了三十分钟。
Zuótiān wǒ kànle yí duàn huà, xiàole sān shí fēn zhōng.

昨日私はある話を読んで、30分笑った。

❼ 我和他交往了半年。
Wǒ hé tā jiāowǎngle bànnián.

私と彼はつきあって（現時点で）半年になります。

> **すっきり**
> - 文末に置く"了₂"は新たな事態の発生・状況の変化を表す語気助詞。
> - 現時点で、ある期間にある動作が継続し、今後も継続の可能性がある場合は、「動詞(持続的意味)＋了₁＋期間＋了₂。」。
> - ある瞬間的動作が行われ、現時点でのその発生後の経過時間を示す場合は、「動詞(瞬間的意味)＋了₁＋期間＋了₂。」。

+α　"过"と"了"

過去の経験を表す"过"は「動詞＋过」の形で「〜し終える」の意味でも使い、"了"をしばしば一緒に使います。

你今天洗过澡了吗?
Nǐ jīntiān xǐguo zǎo le ma?
君は今日風呂に入ったかい？

我刚刚吃过晚饭了。
Wǒ gānggāng chīguo wǎnfàn le.
私はたった今、夕ご飯を食べ終えました。

否定する場合、"过"を使わず動詞の前に"没(有)"をつけます。

A:**你今天早上吃过饭了吗?**
　Nǐ jīntiān zǎoshang chīguo fàn le ma?
　君は今日の朝、ご飯を食べたかい？
B:**还没吃呢。／还没呢。／没有呢。**
　Hái méi chī ne.　Hái méi ne.　Méiyou ne.
　まだ食べてないよ。

もやもや 3 「動詞＋了＋目的語」

"看了电影" "看电影了"？
"了"はどこに置けばいいの？

「映画を見た」は、"看了电影。"ではなく"看电影了。"です。ただ「映画を1本見た」は"看了一场电影。"で、"看一场电影了。"ではありません。

キホンのルール

動詞の完了・実現の"了₁"は動詞の後に置き、新たな出来事の発生・状況変化の"了₂"は文末に置きます。

・完了・実現「〜しました」
　動詞 ＋ 了₁ ＋ 目的語 。

・発生・変化「〜しました」「〜になりました」
　文 ＋ 了₂ 。

ポイント1 「動詞＋(了₁)＋目的語＋了₂。」

「動詞＋了₁＋目的語」の文末に"了₂"をつける場合、"了₁"を省略できます。

動詞＋(了₁)＋目的語＋了₂。

他看了电影了。　→　他看电影了。
Tā kànle diànyǐng le.　　Tā kàn diànyǐng le.
彼は映画を見た。

我们下了课了。　　→　　我们下课了。
Wǒmen xiàle kè le.　　　　Wǒmen xià kè le.
私たちは授業が終わった。

ポイント 2

「動詞＋了₁＋数量表現＋目的語 。」

目的語の前に数量表現を使う場合は、"了₂"を使わずに、文を言い切れます。

動詞＋了₁＋数量表現＋目的語 。

他看了 一场 电影。
Tā kànle yì chǎng diànyǐng.
彼は映画を1本見た。

我买了 很多 书。
Wǒ mǎile hěnduō shū.
私はたくさんの本を買った。

ポイント 3

「動詞＋了₁＋修飾表現＋目的語 。」

目的語の前に修飾表現を使う場合は、"了₂"を使わずに、文を言い切れます。

動詞＋了₁＋修飾表現＋目的語 。

我买了 去东京的 火车票。
Wǒ mǎile qù Dōngjīng de huǒchēpiào.
私は東京行きの列車の切符を買った。

我看了 他写的 那篇文章。
Wǒ kànle tā xiě de nà piān wénzhāng.
私は彼が書いたあの文章を読んだ。

練習問題

日本語に合うように、最も適切な位置に"了"を入れてみよう。

❶ 私たちは出勤した。
　我们上　（A）　班　（B）　。
　Wǒmen shàng　　　bān.

❷ 私の姉はスカートを1着買った。
　我姐姐买　（A）　一条裙子　（B）　。
　Wǒ jiějie mǎi　　　yì tiáo qúnzi.

❸ 私は昔録音したラジオ番組を聞いた。
　我听　（A）　过去　（B）　录音的广播节目。
　Wǒ tīng　　　guòqù　　　lùyīn de guǎngbō jiémù.

❹ 昨日私はある（1つの）日本の映画を見ました。
　昨天我看　（A）　一场日本电影　（B）　。
　Zuótiān wǒ kàn　　　yì chǎng Rìběn diànyǐng.

❺ 彼には彼女ができました。
　他有　（A）　女朋友　（B）　。
　Tā yǒu　　　nǚ péngyou.

❻ 私は全部で500元使った。
　我一共花　（A）　五百元　（B）　。
　Wǒ yígòng huā　　　wǔ bǎi yuán.

❼ 私のお父さんは昨日小説をたくさん買った。
　我爸爸昨天买　（A）　很多小说　（B）　。
　Wǒ bàba zuótiān mǎi　　　hěn duō xiǎoshuō.

すっきり

- 動詞の完了・実現の"了₁"は動詞の後に置き、新たな出来事の発生・状況変化の"了₂"は文末に置く。
- 「動詞＋了₁＋目的語」の文末に"了₂"をつける場合、"了₁"を省略できる。
- 目的語の前に数量表現を使う場合は、"了₂"を使わずに文を言い切れる。
- 目的語の前に修飾表現を使う場合は、"了₂"を使わずに文を言い切れる。

+α 文が終わらない印象を与える"了₁"の位置

　「王さんは映画を見た」という文を"了"を使ってそのまま中国語にすると、"王先生看了电影。"ですが、何か後ろに続く感じがして、文末に"了"を置いたり、「たくさん」を意味する"很多"をつけたりして、直したくなります。

王先生看了电影…
Wáng xiānsheng kànle diànyǐng

→王先生看了电影 了。
　Wáng xiānsheng kànle diànyǐng le.

→王先生看了 很多 电影。
　Wáng xiānsheng kànle hěnduō diànyǐng.

　「動詞＋了」に目的語がある場合、ある条件を満たさないと、文が完結せず後にまだ続く感じがします。文末に"了"をつけたり、数量表現や修飾表現を目的語の前に置けば、文を完結させられます。
　また、複文にして文を完結させることもできます。

→王先生看了电影就走了。
　Wáng xiānsheng kànle diànyǐng jiù zǒu le.

> **もやもや 4** セットで使われる"了"
>
> ## 完了と変化以外でも"了"を使いますよね？

"了"は完了や変化以外にも、いろいろな語とセットで使われ、強調などさまざまな意味を表します。

キホンのルール

"太"と"了"を組み合わせ、程度がかなり高くて驚いていることを表します。否定の場合は"不"を"太"の前に置いて、部分否定を表します。ただし、その場合"了"が省略されます。

我性子太急了。
Wǒ xìngzi tài jí le.
私の性格はすごくせっかちだ。

北京的秋天太美了。
Běijīng de qiūtiān tài měi le.
北京の秋は大変美しい。

・あまり〜ではない。
　不太〜。

英语不太难。
Yīngyǔ bú tài nán.
英語はそれほど難しくない。

ポイント1 "可〜了。"で強調

"可"と"了"を組み合わせて、程度を強めます。特に感情や感想を強く言う場合に使います。

・とても〜だ。

可〜了。

作文可难了。
Zuòwén kě nán le.
作文がすごく難しい。

"可〜了。"は、発話時に聞き手が必要で、さらに聞く人にとって未知で予想外のことを知らせる場合に使います。そのため、聞き手にとって既知の事柄の場合、"可〜了。"は使いません。"太〜了。"を使います。

✕ **这首歌可好听了。** → ◯ **这首歌太好听了。**
Zhè shǒu gē kě hǎotīng le.　　Zhè shǒu gē tài hǎotīng le.
この歌は本当にすばらしい。

ポイント2 "都〜了。""已经〜了。"で「もう〜になった」

・もう〜になった。

都（已经）〜 了。

都九月了，还这么热。
Dōu jiǔyuè le,　hái zhème rè.
もう9月なのに、まだこんなに暑い。

对不起，水已经凉了。
Duìbuqǐ,　shuǐ yǐjīng liáng le.
ごめんなさい、お湯はもう冷めてしまった。

"都已经〜了"のように"都"と"已经"が一緒に使われることがあります。その場合「都+已经」の語順です。

我最近总是拉肚子，今天都已经拉了五次肚子了。
Wǒ zuìjìn zǒngshì lā dùzi,　jīntiān dōu yǐjīng lāle wǔ cì dùzi le.
私は最近よく下痢をし、今日はもう5回下痢をした。

練習問題

1つ選んで入れてみよう。ただし"都"と"已经"は複数回使われます。
[太，可，都，已经，不太]

❶ 你知道吗？ 张先生的太太（　　）漂亮了。
　Nǐ zhīdao ma?　Zhāng xiānsheng de tàitai　piàoliang le.
　君知ってるかい？　張さんの奥さんはとってもきれいなんだ。

❷（　　）十点了，我们该回去了。
　　　　shí diǎn le,　wǒmen gāihuíqù le.
　もう10時だ。私たちもう帰らなきゃ。

❸ 我帮你拿你的书包吧。你的书包（　　）重了。
　Wǒ bāng nǐ ná nǐ de shūbāo ba. Nǐ de shūbāo　zhòng le.
　君のカバン持つよ。(手にして)君のカバンは重すぎる。

❹ 我（　　）相信。
　Wǒ　xiāngxin.
　私はあまり信じていない。

❺ 他（　　）下班了。
　Tā　xiàbān le.
　彼はもう退社したよ。

❻ 我们（　　）已经变好了，也已经变老了。
　Wǒmen　yǐjīng biànhǎo le,　yě yǐjīng biànlǎo le.
　私たちみんなもう(生活は)良くなり、またもう年もとったからね。

❼ 他们都（　　）下班了。
　Tāmen dōu　xiàbān le.
　彼らはもう退社した。

すっきり

- "了"は、完了と変化以外でも、セットで使われる。
- 強調の"太～了。"。その否定は部分否定の意味で"不太～。"。
- 特に感情や感想を強く言う場合によく使う"可～了。"。
- "都～了。""已经～了。"は、「もう～になった」。

+α 「とっくに～した」「～してはいけない」の"了"

"了"と組み合わせて使う表現は、ほかに「とっくに～した」「～してはいけない」などがあります。

・とっくに～した。

早就 ～了。

你的秘密我早就发现了。
Nǐ de mìmì wǒ zǎojiù fāxiàn le.
君の秘密に僕はとっくに気づいていた。

・～してはいけない。

别 ～（了）。

不要 ～（了）。
＊ただし、禁止の"了"はよく省略されます。

嘘！别被月亮听见了。
Xū! Bié bèi yuèliàng tīngjiàn le.
シィー。お月様に聞こえないようにね。

不要再抽烟了。
Bú yào zài chōuyān le.
もうタバコを吸わないでね。

もやもや 5 「形容詞〜＋了。」

「寒かった」は"冷了"じゃいけないの？

「寒かった」という場合、日本語では形容詞を「〜た」とするので、それにつられて、中国語で"了"をつけたくなります。でも、そこでつられてはいけません。「気候が寒くなった」という場合は、"天气冷了。"と言えますが、「去年の冬は特に寒かった」という場合は、新たな事態の発生ではないので、"了"はつけず、"去年冬天特别冷。"と言います。

キホンのルール

日本語に「〜た」があると、つい過去形と考えてしまい"了"を使いたくなります。しかし、動詞の場合、動作の完了を表す場合に動詞の後に"了"をつけられますが、形容詞の場合はつけられません。形容詞の場合、新たな事態の発生の場合に文末に"了"をつけることしかできません。過去の時点を表す単語や文の流れで過去を表します。

去年夏天特别热。
Qùnián xiàtiān tèbié rè.
去年の夏は特に暑かった。

我妻子年轻的时候很可爱。
Wǒ qīzi niánqīng de shíhou hěn kě'ài.
私の妻は若いころ、かわいかった。

ポイント1 「形容詞〜＋了。」新たな事態の発生・状況の変化

動詞の場合と同様、新たな事態の発生・状況の変化を表す場合は、文末に"了"を置きます。

A: 你的病怎么样了？
　　Nǐ de bìng zěnmeyàng le?
　　あなたの病気はどうなりましたか？

B: 已经好了。
　　Yǐjīng hǎo le.
　　もう良くなったよ。
＊病気だったのが、病気が良くなった

那天晚上我彻底伤心了。
Nàtiān wǎnshang wǒ chèdǐ shāngxīn le.
その日の夜、私は徹底的に傷ついてしまった。
＊傷ついていなかったのが、傷ついた

ポイント2 「もう〜ではなくなった」の"不〜了。"

「もう〜ではなくなった」と形容詞を否定する場合、"不〜了。"とします。

天不冷了。
Tiān bù lěng le.
気候が寒くなくなった。

我家上不了网了，我不高兴了。
Wǒ jiā shàngbuliǎo wǎng le, wǒ bù gāoxìng le.
家でインターネットに接続できなくなり、私は不愉快になった。

練習問題

"了"が必要か不要か考え、必要な場合は適切な位置に入れてみよう。

❶ 我们班得了一等奖，同学们非常高兴。
Wǒmen bān déle yī děngjiǎng, tóngxuémen fēicháng gāoxìng.

私たちのクラスは１位を取って、クラスメートはみんな喜んだ。

❷ 前天我买一本美国杂志。
Qiántiān wǒ mǎi yì běn Měiguó zázhì.

一昨日私はアメリカの雑誌を１冊買った。

❸ 我爸爸年轻时很帅。
Wǒ bàba niánqīng shí hěn shuài.

私のお父さんは若いころ、格好良かった。

❹ 天暖和，樱花开了没？
Tiān nuǎnhuo, yīnghuā kāile méi?

気候が暖かくなった。桜は咲きましたか？

❺ 我不喜欢他。
Wǒ bù xǐhuan tā.

私は彼のことを好きではなくなった。

❻ 天气越来越冷。
Tiānqì yuè lái yuè lěng.

気候がだんだんと寒くなってきた。

❼ 他小时候很活泼。
Tā xiǎo shíhou hěn huópō.

彼は子供のころは活発だった。

❽ 我点五个菜。
Wǒ diǎn wǔ ge cài.

彼は料理を５つ注文した。

すっきり

・形容詞は、完了の意味で、"了"をつけられない。
・新たな事態の発生の場合に文末に"了"をつける。
・「もう〜ではなくなった」と形容詞を否定する場合、"不〜了。"を使う。

+α 「動詞＋了。」の否定

否定する場合、"没"を動詞の前に置き、"了"を取ります。

我没吃午饭。←×我没吃了饭。
Wǒ méi chī wǔfàn.
私は昼食を食べていません。

那件事我没忘。←×那件事我没忘了。
Nà jiàn shì wǒ méi wàng.
その事を私は忘れていません。

もやもや 6 近未来の"了"

まだ仕事してないのに"工作了。"?

「今、仕事をしようとしている」と言うとき、"要"と"了"をセットで使って"要工作了。"と言います。"了"と、いくつかのペアになる語を使って、近い将来を表します。

キホンのルール

"了"は"要"と一緒に、近い将来を表します。

・まもなく〜する。もうすぐ〜する。

要 〜 了。

他要毕业了。
Tā yào bìyè le.
もうすぐ卒業する。

・(差し迫っているときの) まもなく〜する。もうすぐ〜する。

快(要) 〜 了。

快(要)下雨了。
Kuài yào xiàyǔ le.
まもなく雨が降る。

・(さらに迫っているときの) もう〜する。

就(要) 〜 了。

明天就(要)下雨了。
Míngtiān jiù yào xiàyǔ le.
明日もう雨が降る。

ポイント1 "就(要)～了。"

　日付や時間が明確に決まっている場合、"就(要)～了"を使います。"快(要)～了"は使えません。

明天就(要)毕业考试了。
Míngtiān jiù yào bìyè kǎoshì le.
明日は卒業試験だ。

ポイント2 「主語＋快＋動詞および動詞フレーズ＋了。」

　"快～了"を使う場合、主語は"快"の前、動詞および動詞フレーズは"快"と"了"の間に置きます。

冬天快来了。
Dōngtiān kuài lái le.
冬がまもなくやって来る。

ポイント3 "该～了。"

　ほかに「(そろそろ)～すべきだ」「～の番になった」という近い将来の意味で、"该～了"を使います。

・「(そろそろ)～すべきだ」「～の番になった」
　该　～　了。

已经九点了，我该回去了。
Yǐjīng jiǔ diǎn le, wǒ gāi huíqù le.
もう9時になったよ。そろそろ帰ろう。

该我了。
Gāi wǒ le.
私の番になった。

練習問題

日本語に合うように、1つ選んで入れてみよう。
[快，要，该，了，都，太，可]

❶ 明年三月他们（　　）毕业了。
　Míngnián sān yuè tāmen　　　biyè le.
　彼らは来年の3月に間もなく卒業です。

❷ 时间不早了，我们（　　）回去了。
　Shíjiān bù zǎo le,　wǒmen　　　huíqu le.
　時間が遅いので、私たちはそろそろ帰らないと。

❸ （　　）要下雨了。
　　　　　yào xiàyǔ le.
　もうすぐ雨が降りそうだ。

❹ 他性子（　　）急了。
　Tā xìngzi　　　jíle.
　彼の性格はすごくせっかちだ。(聞き手も知っている)

❺ 天快黑（　　），回家吧。
　Tiān kuài hēi,　　　huí jiā ba.
　もう暗くなってきたので、帰りましょう。

❻ 我感冒（　　）好了。
　Wǒ gǎnmào　　　hǎo le.
　私の風邪はもう良くなった。

❼ 我们学校作业（　　）多了。
　Wǒmen xuéxiào zuòyè　　　duō le.
　私たちの学校は宿題が多すぎます。

すっきり

- "了"は"要"と一緒に、近い将来を表す。"要〜了。"、"快(要)〜了。"、"就(要)〜了。"の順により差し迫っている状況を表す。
- 「主語＋快＋動詞および動詞フレーズ＋了。」の語順。
- 「(そろそろ)〜すべきだ」「〜の番になった」という近い将来の意味で"该〜了。"を使う。

+α 意図的な計画中止や進行していたことの停止を表す"不〜了。"

意図的な計画中止や、進行していたことが停止したことを"不〜了。"で表します。

・〜しないことにする。

时间太晩了，我们不去了。
Shíjiān tài wǎn le, wǒmen bú qù le.
遅くなったので、私たちは行かないことにします。

・〜するのをやめる。

闹钟不响了。
Nàozhōng bù xiǎng le.
目覚まし時計が鳴り止んだ。

もやもや 7 　経験の"过"

「～したことがある」なのに"过"でなく"了"？

経験の場合"过"を使いますが、"了"でも大丈夫なことがあります。ただ、ニュアンスが違います。

キホンのルール

「～したことがある」は、動詞の後に"过"をつけます。否定するには、動詞の前に"没"か"没有"を置き、疑問文にする場合は、文末に"吗"か"没有"を置きます。

・～したことがあります。
　　動詞　＋　过　。

・～したことがありません。
　　没（有）　＋　動詞　＋　过　。

・～したことがありますか？
　　動詞　＋　过　（　～　）＋　吗　／　没有　？

ポイント1 頻繁に起きることには使わない

よく起こることには"过"は使いません。

我常常滑（×过）雪，但是我从来没滑过冰。
Wǒ chángcháng huáxuě, dànshì wǒ cónglái méi huáguo bīng.
私はよくスキーをしたが、スケートを今までにしたことがない。

ポイント2 "过"と"了"のニュアンスの違い

"过"と"了"が置き換え可能な場合がありますが、ニュアンスが違います。"过"は「〜したことがある」という経験に意味の重点があり、"了"は「〜した」という完了に意味の重点があります。

我听过一首歌，但是不知道名字。
Wǒ tīngguo yì shǒu gē, dànshì bù zhīdao míngzi.
私はある歌を聞いたことがあるが、名前を知らない。
＊「聞いたことがある」という経験をより伝えたい

我听了一首歌，但是不知道名字。
Wǒ tīngle yì shǒu gē, dànshì bù zhīdao míngzi.
私はある歌を聞いたが、名前を知らない。
＊「聞いた」という事実が完了したことをより伝えたい

ポイント3 ある期間を経て完了したことは"过"ではなく"了"

ある期間を経て完了したことを表す場合、"过"は使えません。

A: 日语你学了几年？
Rìyǔ nǐ xuéle jǐ nián?
君は日本語を何年勉強したの？

B: 我学了（×过）两年。
Wǒ xuéle liǎng nián.
私は2年間勉強したよ。

練習問題

日本語に合うように"过"か"了"を入れ、入れられない場合は×をつけよう。

❶ 私は京劇を今まで見たことはありません。今日初めて見ました。
　我从来没看（　　）京剧，今天是第一次看。
　Wǒ cónglái méi kàn　　jīngjù,　jīntiān shì dì yí cì kàn.

❷ 私は以前よくバレーボールをしたものです。
　我以前常常打（　　）排球。
　Wǒ yǐqián chángcháng dǎ　　páiqiú.

❸ 私は半日探したが見つからなかった。
　我找（　　）半天还没找着。
　Wǒ zhǎo　　bàntiān hái méi zhǎozháo.

❹ スペイン語を彼は2年間勉強した。（完了した）
　A: 西班牙语他学了几年？
　　Xībānyáyǔ tā xuéle jǐnián?
　B: 他学（　　）两年。
　　Tā xué　　liǎng nián.

❺ 私は韓国語を学んだことがない。
　我没学（　　）韩语。
　Wǒ méi xué　　Hányǔ.

❻ 彼女の名前は私も聞いたことがある。
　她的名字我也听（　　）。
　Tā de míngzi wǒ yě tīng　　.

❼ 私はよく卓球をしたが、今までテニスをしたことがない。
　我常常打（　　）乒乓球，但是我从来没打过网球。
　Wǒ chángcháng dǎ　　pīngpāngqiú, dànshì wǒ cónglái méi dǎguo wǎngqiú.

> **すっきり**
> - 「〜したことがある」でも、頻繁に起きることには "过" は使わない。
> - "过" は「〜したことがある」という経験に意味の重点があり、"了" は「〜した」という完了に意味の重点がある。
> - ある期間を経て完了したことを表す場合、"过" は使えない。

+α 　　　　　「形容詞〜＋过」

　「（以前は）〜だった」という状態を表す場合、形容詞の後に "过" を置きます。

我小时候胖过，但是到了二十岁就瘦了。
Wǒ xiǎoshíhou pàngguo, dànshì dàole èrshí suì jiù shòu le.
私は小さいころ太っていましたが、20歳になってやせました。

据说七年没这么热过。
Jùshuō qī nián méi zhème règuo.
聞くところによると、7年でこんなに暑かったことはない。

もやもや 8 　背景や状況の提示

"着"は進行を表してないの？

実は"着"で、動作の進行を表すわけではありません。「動詞＋着」で背景や状況を示し、それによって、結果の持続か動作の持続として使います。日本語では、動作の進行、結果の持続、動作の持続をすべて「〜している」と言いますが、中国語では違います。

キホンのルール

動作の進行を表す場合、動詞の前に"在"を置きます。結果の持続を表す場合、動詞に"着"をつけます。

・動作の進行「〜している」

（在 / 正在）＋ 動詞 ＋ （呢）。

＊"在"と"正在"と"呢"。どれか１つでも、組み合わせてもOK。

他在开窗户（呢）。　/　他开窗户呢。　/　他正在开窗户。
Tā zài kāi chuānghu ne.　　　Tā kāi chuānghu ne.　　　Tā zhèngzài kāi chuānghu.
彼らは窓を開けているところだ。

・結果の持続「〜している」

動詞 ＋ 着

能一直开着窗户吗？
Néng yìzhí kāizhe chuānghu ma?
窓をずっと開けておいていいかな？

ポイント1 動作の進行と結果の持続

同じ動詞に進行を示す"在"も持続を示す"着"もつけるので、意味の違いに気をつけよう。

・「着る」動作の進行
我在穿衣服呢。
Wǒ zài chuān yīfu ne.
私は服を着ています。

・「着る」結果の持続
我穿着衣服，出去玩儿。
Wǒ chuānzhe yīfu, chūqù wánr.
私は服を着て、遊びに出かけた。

・「開ける」動作の進行
我正在开阳台的窗户。
Wǒ zhèngzài kāi yángtái de chuānghu.
私はベランダの窓を開けています。

・「開く」結果の持続
昨晚阳台的窗户开着呢。
Zuówǎn yángtái de chuānghu kāizhe ne.
昨日の夜ベランダの窓が開いていた。

ポイント2 動作の持続

「動詞＋着」は背景や状況の提示で、文全体ではこのような背景や状況の下で何が起こったかを示しています。"在""呢"と一緒に使うことで、動作の進行を表すと言えます。

外面还在下雪。　/　外面还下着雪呢。
Wàimiàn hái zài xiàxuě.　　Wàimiàn hái xiàzhe xuě ne.
外はまだ雪が降っている。

我一直在等着你。　/　我一直等着你呢。
Wǒ yìzhí zài děngzhe nǐ.　　Wǒ yìzhí děngzhe nǐ ne.
私はずっとあなたを待っています。

練習問題

日本語に合うように、"在"か"着"を入れてみよう。

❶ 他戴（　　）帽子。
　Tā dài　　　màozi.

　彼は帽子をかぶっています。（かぶっている状態）

❷ 我（　　）看电视。
　Wǒ　　　kàn diànshì.

　私はテレビを見ています。

❸ 别走了，还下（　　）雪。
　Bié zǒu le, hái xià　　　xuě.

　帰らないで。まだ雪が降っているよ。

❹ 我回家的时候，妈妈（　　）做晚饭。
　Wǒ huíjiā de shíhou, māma　　　zuò wǎnfàn.

　私が帰宅した時、お母さんが夕食を作っているところだった。

❺ 桌子上放（　　）一本词典。
　Zhuōzishang fàng　　　yì běn cídiǎn.

　机の上に辞書が1冊置いてある。

❻ 小张（　　）打篮球呢。
　Xiǎo Zhāng　　　dǎ lánqiú ne.

　張さんはバスケットボールをしています。

❼ 我姐姐（　　）打着电话。
　Wǒ jiějie　　　dǎzhe diànhuà.

　私のお姉さんは電話をかけています。

すっきり

- "着"で、動作の進行を表すわけではない。
- 「動詞＋着」により背景や状況を示し、それによって、結果の持続か、動作の持続として使う。
- 「動詞＋着」は背景や状況の提示で、文全体ではこのような背景や状況の下で何が起こったかを示す。"在""呢"と一緒に使うことで、動作の進行を表す。

+α 「動詞＋着」は単独で使うと不自然

「動詞＋着」は背景や状況の提示の意味なので、単独で言い切ると少し不自然に感じます。このような背景や状況で何が起こったかという文を後に続けます。

外面下着雨…
↓
外面下着雨，你心里想着谁？
Wàimian xiàzhe yǔ, nǐ xīnlǐ xiǎngzhe shéi?
外は雨が降っているが、君の心では誰のことを考えているのかな？

また"正在"、"在～（呢）"や"呢"を置くことで、言い切りの形になり、動作の進行を表します。

外面 正在 下着雨。／外面 在 下着雨(呢)。／外面下着雨 呢 。

もやもや 9 完了したのに "了" が使えない

過去なのに "了" をつけてはいけない？

完了していることでも "了" が使えないことがあります。過去の習慣的なことや動詞フレーズ、引用文の場合です。日本語が「〜た」で終わる文だからといって、無意識に "了" をつけてはいけません。

キホンのルール

過去で完了している動作を示す場合、"了" を使います。

動詞 ＋ 了

昨天晚上我看了一部中国电影。
Zuótiān wǎnshang wǒ kànle yí bù Zhōngguó diànyǐng.
昨晩私はある中国の映画を見た。

ポイント 1　習慣的なこと

習慣的なことは過去のことでも "了" をつけません。

在我读大学的时候，经常和同学们一起打篮球。
Zài wǒ dú dàxué de shíhou, jīngcháng hé tóngxuémen yìqǐ dǎ lánqiú.
私は大学時代、同級生とよくバスケットボールをしました。

我在中国的时候常常吃水饺。
Wǒ zài Zhōngguó de shíhou chángcháng chī shuǐjiǎo.
中国ではよく水餃子を食べました。

ポイント2 動詞フレーズ

目的語が"聘用"（雇う）、"戒烟"（禁煙）などの動詞フレーズの場合、過去のことでも"了"をつけません。

我决定聘用她。
Wǒ juédìng pìnyòng tā.
私は彼女を雇おうと決めた。

我决心戒烟。
Wǒ juéxīn jièyān.
禁煙することを決心した。

ポイント3 引用文

「～と言った」など引用文では、"了"をつけません。

老师说："你们过马路的时候，要特别注意安全。"
Lǎoshī shuō: "Nǐmen guò mǎlù de shíhou, yào tèbié zhùyì ānquán."
先生は「君たちが道路を渡る時、特に安全に気をつけねばならない」と言った。

她问："你怎么了？"
Tā wèn: "Nǐ zěnme le?"
彼女は「君はどうした」と聞いた。

練習問題

動詞、形容詞の後ろに"了"が必要か不要か考え、必要な場合は適切な位置に入れてみよう。

❶ 我们决定去看足球比赛。
　　Wǒmen juédìng qù kàn zúqiú bǐsài.

　私たちはサッカーの試合を見に行くことを決めました。

❷ 吃饭再去看电影。
　　Chīfàn zài qù kàn diànyǐng.

　ご飯を食べてから映画を見に行きました。

❸ 我问："书可以借几天？"
　　Wǒ wèn: "shū kěyǐ jiè jǐ tiān?"

　私は尋ねた。「本は何日借りることができますか？」

❹ 我每天早上七点起床。
　　Wǒ měitiān zǎoshang qī diǎn qǐchuáng.

　私は毎朝7時に起きていた。

❺ 从今天起，我们开始学习第十课。
　　Cóng jīntiān qǐ, wǒmen kāishǐ xuéxí dì shí kè.

　今日から私たちは第10課を学び始めた。

❻ 他的脸红。
　　Tā de liǎn hóng.

　彼の顔が赤くなった。

❼ 我小时候经常和朋友一起打排球。
　　Wǒ xiǎo shíhou jīngcháng hé péngyou yìqǐ dǎ páiqiú.

　私は子供のころ、よく友達と一緒にバレーボールをしました。

> **すっきり**
>
> ・習慣的なことは過去のことでも"了"をつけない。
> ・目的語が"聘用"（雇う）、"戒烟"（禁煙）など動詞フレーズの場合、過去のことでも"了"をつけない。
> ・「～と言った」など引用文では、"了"をつけない。

+α 連動文や兼語文の"了"

1つの主語に対し、「～へ行って…した」のように連続した動作が示される連動文で、すでに発生した動作・行為を表す場合、最後の動詞の後に"了"をつけます。

爸爸去书店买了一本书。
Bàba qù shūdiàn mǎile yì běn shū.
お父さんは本屋さんへ行って本を1冊買いました。

また、前の動詞の目的語が後ろの動詞の主語になる兼語文でも、すでに発生した動作・行為を表す場合、最後の動詞の後に"了"をつけます。

昨天他请我看了一场电影。
Zuótiān tā qǐng wǒ kànle yì chǎng diànyǐng.
昨日彼は私に映画をおごってくれた。

もやもや10 結果の持続の"了"

「〜ている」なのに"了"？

「私のパソコンが壊れている」は、壊れた結果が続いているので"着"をつけて、"我的电脑坏着。"とするのは間違いです。"我的电脑坏了。"と言います。

キホンのルール

完了・実現のアスペクト助詞"了₁"は動詞の後に、変化の語気助詞"了₂"は文末に置きます。また、"了"が動詞の後に置かれ、目的語がない場合、アスペクト助詞と語気助詞が重なった"了₁₊₂"とみなします。さらに、目的語がなくても、"了₂"とみなす場合もあります。

他来了。
Tā lái le.
彼は来ました。（完了）

他走了。
Tā zǒu le.
彼は去ってしまった。（変化）

我走了。
Wǒ zǒu le.
（これから出発する時）私は行きます。（変化）

ポイント1 瞬間的な動詞で変化後の状態を表す

「結婚する」や「落とす」「死ぬ」は瞬間的な動詞とみなします。瞬間的な動作や行為の場合、変化後の状態を表すのに動詞の後ろに"了"を置きます。

我弟弟结婚了。
Wǒ dìdi jiéhūn le.
私の弟は結婚している。

很多人手机丢了，却不知道怎么找回来。
Hěn duō rén shǒujī diū le, què bù zhīdao zěnme zhǎohuilai.
多くの人が携帯を落としていますが、どう探せばよいのか分からない。

ポイント2 一定期間続いている場合

動作が「1時間」「2時間」など一定期間続いている、または続いていたことを言う場合、"了"を使います。

我们等了你一个小时。
Wǒmen děngle nǐ yí ge xiǎoshí.
私たちは君を1時間待っていた。

缝合手术做了两个多小时。
Fénghé shǒushù zuòle liǎng ge duō xiǎoshí.
縫合手術を2時間以上していた。

ポイント3 期間を表す語がある否定文

"没"で否定するときは"了"を使いません。ただ、"没"の前に期間を表す語がある場合、"了"をつけます。

我一个月没洗澡了。
Wǒ yí ge yuè méi xǐzǎo le.
私は1カ月お風呂に入っていない。

我们半年没吵架了。
Wǒmen bànnián méi chǎojià le.
私たちは半年間ケンカをしていない。

練習問題

日本語に合うように、適切な位置に"着"か"了"を入れてみよう。

❶ 他已经结婚了。
　Tā yǐjīng jiéhūn.

　彼はすでに結婚している。

❷ 我妈妈在沙发上坐着。
　Wǒ māma zài shāfāshang zuò.

　私のお母さんはソファーに座っている。

❸ 她父亲去年去世了。
　Tā fùqin qùnián qùshì.

　彼女のお父さんは昨年亡くなられている。

❹ 男朋友跟我一个月没联系了。
　Nán péngyou gēn wǒ yí ge yuè méi liánxi.

　彼氏は私に1カ月連絡しないでいる。

❺ 我等了五个小时。
　Wǒ děng wǔ ge xiǎoshí.

　私は5時間待っていた。

❻ 秋天来了，树叶落了。
　Qiūtiān lái le, shùyè luò.

　秋が来て、木の葉が落ちている。

❼ 牌子上写着"禁止入内"。
　Páizishang xiě "Jìnzhǐ rùnèi".

　看板に「立ち入り禁止」と書かれている。

すっきり

- 日本語で「〜ている」を、自動的に"着"にしてはいけない。
- 「結婚する」や「落とす」「死ぬ」などの「瞬間的な動詞」は、変化後の状態を表すのに動詞のすぐ後ろに"了"を置く。
- 動作が「1時間」「2時間」など一定期間続いている、または続いていたことを言う場合、"了"を使う。
- "没"で否定するときは"了"を使わないが、"没"の前に期間を表す語がある場合、"了"を使う。

+α 同じ動作の連続発生

同じ動作が連続して発生したことや、ある動作が引き続いて起こる時、「又＋動詞＋了」を使います。

小王昨天来了，今天又来了。
Xiǎo Wáng zuótiān lái le, jīntiān yòu lái le.
王君は昨日来たが、今日また来ている。

我昨天失恋了，哭了一晚上，今天又哭了。
Wǒ zuótiān shīliàn le, kūle yì wǎnshang, jīntiān yòu kū le.
私は昨日失恋し、一晩中泣いたが、今日また泣いている。

第2部

語順がもやもやする！

活用変化のない中国語では、語順が重要です。語順を間違えただけで意味やニュアンスが大きく違ってきます。原則を整理しておけば、文が長くなり、混乱したときも、落ち着いて対処できるようになるでしょう。

もやもや 11 語順のルール

語順が混乱したときは？

基本的な構造「主語＋副詞＋動詞＋目的語/補語」を確認します。そして、副詞は動詞の前、補語は動詞・形容詞の後、助動詞は動詞の前という決まりに従っていきます。

キホンのルール

中国語の基本的な構造は2つです。
① 主語 ＋ 副詞 ＋ 動詞 ＋ 目的語
② 主語 ＋ 副詞 ＋ 動詞 ＋ 補語

① 他常常打网球。
Tā chángcháng dǎ wǎngqiú.
彼はよくテニスをする。

② 他打得真棒。
Tā dǎde zhēn bàng.
彼は（球技など）するのが本当に素晴らしい。

ポイント1　副詞は動詞の前

副詞は必ず動詞の前に置きます。日本語では副詞の位置が一定ではありませんが、中国語ではいつも動詞の前です。

我只喝啤酒。
Wǒ zhǐ hē píjiǔ.
私はビールしか飲みません。

我们都是学生。
Wǒmen dōu shi xuésheng.
私たちはみな学生です。

ポイント2 補語は動詞・形容詞の後

補語は、動詞または形容詞の後ろに置いて、その結果や状況について補足します。よく"得"と一緒に使います。

你说得对。
Nǐ shuōde duì.
あなたの言う通りです。

他跑得很快。
Tā pǎode hěn kuài.
彼は走るのが速い。

ポイント3 助動詞は動詞の前

中国語の助動詞は、動詞の前に置きます。可能・能力・願望などの意味を表すことから能願動詞とも呼ばれています。

他会游泳。
Tā huì yóuyǒng.
彼は（練習して）泳げる。

他能游五百米。
Tā néng yóu wǔ bǎi mǐ.
彼は500メートル泳げる。

練習問題

日本語に合うように、適切な位置に入れてみよう。

❶ 再

请说一遍。
Qǐng shuō yí biàn.

もう一度言ってください。

❷ 得很早

他每天起。
Tā měitiān qǐ.

彼は毎日起きるのが早いです。

❸ 会

他滑雪吗?
Tā huáxuě ma?

彼はスキーはできますか?

❹ 得很快乐

我们都过。
Wǒmen dōu guò.

私たちはみんな楽しく暮らしている。

❺ 能

你说得具体点吗?
Nǐ shuōde jùtǐdiǎn ma?

君は具体的に言うことができませんか?

❻ 只

我去过美国。
Wǒ qùguo Měiguó.

私はアメリカしか行ったことがない。

> **すっきり**
>
> - 中国語の基本的な構造は2つ。「主語＋副詞＋動詞＋目的語」「主語＋副詞＋動詞＋補語」。
> - 補語は、動詞または形容詞の後ろに置いて、その結果や状況について補足する。よく"得"と一緒に使う。
> - 中国語の助動詞は、動詞の前に置く。

+α 名詞と動詞の修飾

　中国語も日本語と同じように名詞などを修飾する連体修飾語と動詞などを修飾する連用修飾語があります。

■連体修飾語
他的那三本中文 杂志。
Tā de nà sān běn Zhōngwén zázhì.
彼のあの3冊の中国語の雑誌。

■連用修飾語
他 还在不停地 写着。
Tā hái zài bù tíng de xiězhe.
彼はまだしきりに書いている。

　なお連体修飾語は "定语"（定語）、連用修飾語は "状语"（状語）と呼びます。

もやもや 12 　様態補語

同じ動詞を 1 つの文で 2 回使うのはどういうとき？

　動詞や形容詞の後に"得"をつけ、その程度、様子、状態や状況を詳しく説明する場合、同じ文で動詞をもう一度使います。ただ、目的語の前の動詞は省略でき、目的語を主語の前に置くときは繰り返しません。

キホンのルール

　動詞や形容詞の後に"得"をつけ、その程度、様子、状態や状況を詳しく説明する語を、様態補語と呼びます。

動詞/形容詞　＋　得　＋　様態補語

张先生来得很早。
Zhāng xiānsheng láide hěn zǎo.
張さんは来るのが早い。

他爱人漂亮得很。
Tā àirén piàoliangde hěn.
彼の奥さんはきれいだ。

ポイント 1 　「動詞＋目的語＋動詞＋得＋様態補語」

　目的語のある動詞が様態補語も伴う場合、動詞が繰り返されます。

動詞　＋　目的語　＋　動詞　＋　得　＋　様態補語

我妈妈做菜做得很好吃。
Wǒ māma zuò cài zuòde hěn hǎochī.
私のお母さんが作る料理はおいしい。

他说汉语说得很流利。
Tā shuō Hànyǔ shuōde hěn liúlì.
彼が話す中国語は、流暢です。

　　　目的語の前の動詞はよく省略されます。

他汉语说得很流利。
Tā Hànyǔ shuōde hěn liúlì.
彼は中国語を話すのが流暢だ。

我爸爸歌儿唱得很好听。
Wǒ bàba gēr chàngde hěn hǎotīng.
私のお父さんは歌が上手だ。

ポイント 2 　目的語を主語の前に置くときは動詞は１つ

　　目的語を主語の前に置く場合、動詞を繰り返しません。

汉语他说得很流利。
Hànyǔ tā shuōde hěn liúlì.
中国語を彼は流暢に話す。

那首歌儿我爸爸唱得很好听。
Nà shǒu gēr wǒ bàba chàngde hěn hǎotīng.
あの歌を私のお父さんは上手に歌う。

練習問題

日本語に合うように、適切な位置に入れてみよう。

❶ 打

他网球得很好。
Tā wǎngqiú de hěn hǎo.

彼はテニスをするのが上手だ。

❷ 弹

我女儿钢琴得真不错。
Wǒ nǚ'ér gāngqín de zhēn búcuò.

私の娘はピアノを弾くのが本当に上手だ。

❸ 包

没想到他饺子得那么好。
Méi xiǎng dào tā jiǎozi de nàme hǎo.

彼が餃子を包むのがこんなに上手だと思わなかった。

❹ 说

他汉语得很流利。
Tā Hànyǔ de hěn liúlì.

彼は中国語を流暢に話す。

❺ 踢

他棒球打得好，足球得不好。
Tā bàngqiú dǎde hǎo, zúqiú de bù hǎo.

彼は野球は得意だが、サッカーは苦手だ。

❻ 跳

我妹妹舞得很好。
Wǒ mèimei wǔ de hěn hǎo.

私の妹はダンスが上手だ。

すっきり

- 動詞や形容詞の後に"得"をつけ、その程度、様子、状態や状況を詳しく説明する語を、様態補語と呼ぶ。
- 目的語のある動詞が様態補語も伴う場合、動詞が繰り返される。「動詞＋目的語＋動詞＋得＋様態補語」
- 目的語の前の動詞は省略できる。
- 目的語を主語の前に置く場合、動詞を繰り返さない。

+α 目的語のある動詞に様態補語がある場合の語順

副詞は、通常動詞の前に置きますが、目的語のある動詞が様態補語を伴う場合、2番目の動詞の前または補語の前に置きます。

私たちは歌うのが上手だ。
我们都唱得很好。

私たちはみな歌を歌うのが上手だ。
我们　唱歌　都　唱得　　很好。
我们　唱歌　　　唱得　都　很好。
我们~~都~~唱歌　　唱得　　很好。

否定は動詞の前ではなく、補語の前に置きます。

私は字を書くのがあまりうまくありません。
我字写得不太好。

もやもや13 数の位置

数を使った表現はどこに置けばいい？

動作の回数や量は量詞と一緒に動詞の後に、物や事は動作の回数の後に置きます。また、「彼/彼女」など人称代名詞は、数の前にも置けます。ほかに、動作の時点は動詞の前、時間の量は動詞の後、動作の期間は動詞の前に置きます。

キホンのルール

動作の回数や量は量詞と一緒に動詞の後に、物や事は回数の後に置きます。また、「彼/彼女」など人称代名詞は、数の前にも置けます。

動詞 ＋ 数 ＋ 量詞
我去了　一　次。
Wǒ qùle yí cì.
私は1回行った。

動詞 ＋ 数 ＋ 量詞 ＋ 物・事
我看了　三　场　电影。
Wǒ kànle sān chǎng diànyǐng.
私は3回映画を見た。

動詞 ＋ 人称代名詞 ＋ 数 ＋ 量詞
我看了　她　一　眼。
Wǒ kànle tā yìyǎn.
私は彼女をチラリと見た。

ポイント1　動作の時点は動詞の前

　　動作の時点は、動詞の前に置きます。
時点　＋　動詞

他每天早上六点起床。
Tā měitiān zǎoshang liù diǎn qǐchuáng.
彼は毎朝6時に起床する。

ポイント2　時間の量は動詞の後

　　時間の量は、動詞の後に置きます。
動詞　＋　時間の量　（＋目的語）

他每天跑三十分钟。
Tā měitiān pǎo sānshí fēnzhōng.
彼は毎日30分走る。

我跟小张下了两个小时围棋。
Wǒ gēn xiǎo Zhāng xiàle liǎng ge xiǎoshí wéiqí.
私は張君と2時間囲碁を打った。

ポイント3　動作の期間は動詞の前

　　動作の期間は、動詞の前に置きます。
動作の期間　＋　動詞

他一个小时干了两天的工作。
Tā yí ge xiǎoshí gànle liǎng tiān de gōngzuò.
彼は1時間で2日分の仕事をした。

这种药一天吃一次。
Zhè zhǒng yào yì tiān chī yí cì.
この薬は1日1回飲む。

練習問題

日本語に合うように、適切な位置に入れてみよう。

❶ 七点

我儿子昨天起床。
Wǒ érzi zuótiān qǐchuáng.

私の息子は昨日7時に起きた。

❷ 四个小时

听说不少科学家每天只睡，是真的吗？
Tīngshuō bùshǎo kēxuéjiā měitiān zhǐ shuì, shì zhēn de ma?

多くの科学者は毎日4時間しか寝ないそうですが、本当ですか？

❸ 一天

我们的老师让我们朗读二十分钟课文。
Wǒmen de lǎoshī ràng wǒmen lǎngdú èrshí fēnzhōng kèwén.

先生は私たちに1日20分テキストを朗読させる。

❹ 半个小时

每天午睡对身体有哪些好处？
Měitiān wǔshuì duì shēntǐ yǒu nǎxiē hǎochu?

毎日30分昼寝をすることは体にどんな利点がありますか？

❺ 两个小时

他昨天电视看了。
Tā zuótiān diànshì kànle.

彼は昨日テレビを2時間見た。

❻ 十一点

我每天晚上睡觉。
Wǒ měitiān wǎnshang shuìjiào.

私は毎晩11時に寝ます。

> **すっきり**
> - 動作の回数や量は量詞と一緒に動詞の後に、物や事は回数の後に置く。
> - 人称代名詞は、数の前にも置ける。
> - 動作の時点は、動詞の前に置く。
> - 時間の量は、動作の後に置く。
> - 動作の期間は、動詞の前に置く。

+α 「1」を省略しない中国語

　日本語では数を意識しないのに、中国語では意識して入れなければならない場合があります。日本語で「1」という数字は省略する習慣があるので、中国語では入れ忘れないようにしましょう。

昨天我和朋友看了一场电影。 ← ×昨天我和朋友看了电影。
Zuótiān wǒ hé péngyou kànle yì chǎng diànyǐng.
昨日私は友達と映画を見た。

我在宜家家居买了一些东西。 ← ×我在宜家家居买了东西。
Wǒ zài Yíjiājiājū mǎile yìxiē dōngxi.
私はIKEAで買い物をした。

　動詞が目的語を伴ったり、離合詞の場合、動作や時間の量はその後ろに置きたくなりますが、目的語の前や離合詞の中に置きます。

我给妈妈打两次电话。 ← ×我给妈妈打电话两次。
Wǒ gěi māma da liǎng cì diànhuà.
私はお母さんに2回電話した。

我睡了七个小时觉。 ← ×我睡觉了七个小时。
Wǒ shuìle qī ge xiǎoshí jiào.
私は7時間寝た。

もやもや 14 受身文

"被"を使う受身文で、"不"や副詞はどこに置けばいいですか？

日本語の語順につられて、"不"や副詞を人や物の後に置きたくなりますが、"不"や副詞は"被"の前に置きます。

キホンのルール

受身文は、「主語＋被＋人・物＋動詞（〜）」という語順です。

Aは（Bに）〜される。
A ＋ 被 ＋ (B) ＋ 動詞（〜）

我被公司开除了。
Wǒ bèi gōngsī kāichú le.
私は会社に解雇された。

信用卡被（人）借走了。
Xìnyòngkǎ bèi rén jièzǒu le.
クレジットカードが（人に）借りていかれた。

ポイント 1 "不"と"没"は"被"の前

"被"を使った文を否定する場合、"不"や"没"は"被"の前に置きます。

不 / 没 ＋ 被 〜

我的密码不会被其他人修改。
Wǒ de mìmǎ bú huì bèi qítārén xiūgǎi.
私のパスワードは他人に書き換えられるはずがありません。

她没谈过恋爱，也没被人追过。
Tā méi tánguo liàn'ài, yě méi bèi rén zhuīguo.
彼女は恋をしたことがなく、誰かに言い寄られたこともない。

ポイント2 副詞は"被"の前

　　副詞は"被"の前に置きます。

副詞　＋　被　～

手机好像被他偷走了。
Shǒujī hǎoxiàng bèi tā tōuzǒu le.
携帯は彼に盗まれたようです。

他早就被警察抓住了。
Tā zǎojiù bèi jǐngchá zhuāzhù le.
彼はとっくに警察に捕まった。

ポイント3 助動詞（能願動詞）は"被"の前

　　助動詞（能願動詞）は"被"の前に置きます。

助動詞　＋　被　～

我的自行车可能被弟弟骑走了。
Wǒ de zìxíngchē kěnéng bèi dìdi qízǒu le.
僕の自転車は弟に乗っていかれた可能性がある。

練習問題

日本語に合うように、適切な位置に入れてみよう。

❶ 会
我的汽车被台风吹翻。
Wǒ de qìchē bèi táifēng chuīfān.

私の車は台風に吹かれてひっくり返っているかもしれない。

❷ 已经
葡萄酒被同事喝完了。
Pútaojiǔ bèi tóngshì hēwán le.

ワインはすでに同僚に飲まれました。

❸ 不
我的意见被班主任重视。
Wǒ de yìjiàn bèi bānzhǔrèn zhòngshì.

私の意見はクラス担任に重視されてない。

❹ 已经
键盘被他弄坏了。
Jiànpán bèi tā nònghuài le.

キーボードはすでに彼に壊されている。

❺ 会
苹果被人吃掉。
Píngguǒ bèi rén chīdiào.

リンゴは誰かに食べられたかもしれない。

❻ 没
我从来被老师批评过。
Wǒ cónglái bèi lǎoshī pīpíngguo.

私は今まで先生にしかられたことがない。

すっきり

- 受身文は、「主語＋被＋人・物＋動詞（〜）」という語順。
- "被"を使った文を否定する場合、"不"や"没"は"被"の前に置く。
- 副詞は"被"の前に置く。
- 助動詞は"被"の前に置く。

+α　"叫""让"を使った受け身文の語順

　受身文は、"被"のほかに、"叫"や"让"も使います。"叫"や"让"を使う場合も、否定、副詞、助動詞の位置は"被"の場合と同じです。"叫"や"让"の前に置かれます。

我带着伞出门，没让雨淋湿。
Wǒ dàizhe sǎn chūmén, méi ràng yǔ línshī.
私は傘を持って出かけたので、雨に濡れなかった。

庄稼都让水淹了。
Zhuāngjia dōu ràng shuǐ yān le.
農作物がすっかり水につかってしまった。

花瓶可能叫孩子打碎了。
Huāpíng kěnéng jiào háizi dǎsuì le.
花瓶は子供に壊されたかもしれない。

もやもや 15 2つの目的語

目的語が２つ出てきたら、どっちが先？

目的語が２つあるのは、「～に～を～する」という二重目的語文の場合は、「～に～を」という順に、この「～を」が特定の物の場合は、話題として文頭に置いたり、"把"構文にして動詞の前に置いたりします。

キホンのルール

「～に～を～する」という二重目的語文では、「主語＋動詞＋目的語₁（～に）＋目的語₂（～を）」の順です。"告诉""给""送""通知"などの動詞を使った文です。

主語 ＋ 動詞 ＋ 目的語₁ ＋ 目的語₂

我教他们汉语。
Wǒ jiāo tāmen Hànyǔ.
私は彼らに中国語を教える。

ポイント 1 目的語が物なら数詞と量詞をつける

「〜を」という目的語₂が物の場合、数詞＋量詞をつけます。

我给他一张电影票。←✕我给他电影票。
Wǒ gěi tā yì zhāng diànyǐngpiào.
私は彼に映画のチケットを1枚あげた。

ポイント 2 話題として文頭に置くか "把" 構文に

「〜を」という目的語₂には「この事」や「あの本」など特定の物は置けません。話題として文頭に置きます。また、"把" 構文にして動詞の前に置いたりします。

我告诉他一件事。
Wǒ gàosu tā yí jiàn shì.
私はある事を彼に告げた。

这件事我告诉他。
Zhè jiàn shì wǒ gàosu tā.
この事を私は彼に告げた。

"把" 構文

主語 ＋ **把** **目的語** ＋ **動詞 (〜)**
〜は 　〜を (特定の物・既知の物) 　〜する

我把这件事告诉他。
Wǒ bǎ zhè jiàn shì gàosu tā.
私はこの事を彼に告げた。

練習問題

日本語に合うように、適切なものを選んで入れてみよう。

❶ 一个礼物 / 礼物
我想送我女朋友（　　）。
Wǒ xiǎng sòng wǒ nǚpéngyou
私は彼女にプレゼントを贈りたい。

❷ 这件事 / 一件事
老师把（　　）告诉同学们。
Lǎoshī bǎ　　　　gàosu tóngxuémen.
先生はこの事をクラスメートに告げた。

❸ 书 / 一本书
妈妈给儿子（　　）。
Māma gěi érzi
お母さんは息子に本をあげました。

❹ 这件事 / 一件事
（　　）我告诉他。
　　　　wǒ gàosu tā.
私はこの事を彼に告げた。

❺ 这本辞典 / 一本辞典
（　　）借我用一下好吗？
　　　　jiè wǒ yòng yíxià hǎo ma?
この辞典を私に貸してくれないかな？

❻ 这条裙子 / 一条裙子
（　　）我给你吧。
　　　　wǒ gěi nǐ ba.
このスカートを私はあなたにあげましょう。

> **すっきり**
> - 「〜に〜を〜する」という二重目的語文では、
>   「主語＋動詞＋目的語₁（〜に）＋目的語₂（〜を）」の順。
> - 「〜を」という目的語₂が物の場合、数詞＋量詞をつける。
> - 「〜を」という目的語₂には「この事」や「あの本」など特定の物は置けない。話題として文頭に置くか、"把"構文にして動詞の前に置く。

+α　　存現文の語順

　存在や出現・消失を表す文を存現文では、目的語には必ず「数詞＋量詞」をつけます。

場所　＋　動詞　＋　数　＋　量詞　＋　目的語

我们公司来了五个实习生。
Wǒmen gōngsī láile wǔ ge shíxíshēng.
私たちの会社には5人の実習生がやって来た。

我们学校丢了一台电脑。
Wǒmen xuéxiào diūle yì tái diànnǎo.
私たちの学校からパソコンが1台なくなった。

もやもや 16 比較文

目的語がある場合、比較文をどう作ればいい？

"喜欢"のように目的語のある動詞を使う場合は、"相比"、"比起"などを使います。比較する物を先に出すという方法もあります。

キホンのルール

・AはBより（もっと）〜です。

A ＋ 比 ＋ B ＋ 更/还 ＋ 状態

今天早上比昨天还凉快。
Jīntiān zǎoshang bǐ zuótiān hái liángkuai.
今朝は昨日より涼しい。

・AはBほど〜でありません。

A ＋ 没有 ＋ B ＋ （那么）＋ 状態

我没有我爸爸（那么）高。
Wǒ méiyou wǒ bàba nàme gāo.
私は父ほど背が高くない。

ポイント 1 "相比"を使う

"喜欢"のように目的語のある動詞は"相比"を使います。

和 ＋ A ＋ 相比, 我 ＋ 更 ＋ 動詞 ＋ B。

和摇滚音乐相比，我更喜欢听古典音乐。
Hé yáogǔn yīnyuè xiāngbǐ, wǒ gèng xǐhuan tīng gǔdiǎn yīnyuè.
ロックと比べ、私はクラシックを聞く方が好きだ。

ポイント2 "比起"を使う

目的語のある動詞は、"比起"も使えます。

比起 ＋ A ＋ 来, 我 ＋ 更 ＋ **動詞** ＋ B。

比起摇滚音乐来，我更喜欢听古典音乐。
Bǐqǐ yáogǔn yīnyuè lái, wǒ gèng xǐhuan tīng gǔdiǎn yīnyuè.
ロックと比べ、私はクラシックを聞く方が好きだ。

比起数学来，我更喜欢英语。
Bǐqǐ shùxué lái, wǒ gèng xǐhuan Yīngyǔ.
数学と比べ、私は英語の方が好きだ。

ポイント3 比較する物を先に出す

最初に比べる物を2つ言った後、程度の高い方を目的語にして言う方法もあります。

A ＋ 和 ＋ B, 我 ＋ 更 ＋ **動詞** ＋ B。

摇滚音乐和古典音乐，我更喜欢听古典音乐。
Yáogǔn yīnyuè hé gǔdiǎn yīnyuè, wǒ gèng xǐhuan tīng gǔdiǎn yīnyuè.
ロックとクラシックでは、私はクラシックを聞く方が好きだ。

苹果和香蕉，我更喜欢苹果。
Píngguǒ hé xiāngjiāo, wǒ gèng xǐhuan píngguǒ.
リンゴとバナナでは、私はリンゴの方が好きだ。

練習問題

1つ選んで入れてみよう。
[得多， 那么， 不比， 多了， 相比， 和， 比起]

❶ 对数学，他比我懂（　　）。
Duì shùxué, tā bǐ wǒ dǒng　　.
数学に対して彼は私よりずっと分かる。

❷ 他比去年瘦（　　）。
Tā bǐ qùnián shòu　　.
彼は去年よりだいぶやせた。

❸ 草莓（　　）梨子，我更喜欢草莓。
Cǎoméi　　lízi, wǒ gèng xǐhuan cǎoméi.
イチゴとナシでは、私はイチゴの方が好きだ。

❹ 她钢琴弹得（　　）钢琴家差。
Tā gāngqín tán de　　gāngqínjiā chà.
彼女はピアノを弾くのがピアニストと同じくらい上手です。

❺ 和那间屋子（　　），这间更暖和一些。
Hé nà jiān wūzi,　　zhè jiān gèng nuǎnhuo yìxiē.
あの部屋に比べれば、こちらの部屋の方がいくらか暖かい。

❻ （　　）英语来，我更喜欢汉语。
　　Yīngyǔ lái, wǒ gèng xǐhuan Hànyǔ.
英語に比べて、私は中国語の方が好きです。

❼ 我没有他（　　）高。
Wǒ méiyou tā　　gāo.
私は彼ほど背が高くない。

> **すっきり**
> - "喜欢"のように目的語のある動詞の比較文は、"相比"や"比起"を使う。
> - 最初に比べる物を2つ言った後、程度の高い方を目的語にして言う方法もある。

+α 比較文の副詞や否定の語順

比較文では"很"などの副詞は使えません。また否定する場合は、"不"を"比"の前に置きます。

我比弟弟矮得多。 ← ×我比弟弟很矮。
Wǒ bǐ dìdi ǎide duō.
私は弟より背が低い。

A:**我觉得日语比汉语难。**
　Wǒ juéde Rìyǔ bǐ Hànyǔ nán.
　私は日本語は中国語より難しいと思います。

B:**是吗？ 我觉得日语不比汉语难。** ← ×我觉得日语比汉语不难。
　Shì ma? Wǒ juéde Rìyǔ bù bǐ Hànyǔ nán.
　そうですか？ 私は日本語は中国語より難しくないと思います。

なお「AはBほど～でありません」という形容詞の否定文は"没有"で否定します。ただ、前の文の比較結果に訂正や反論する場合は"不"を使います。

もやもや 17 離合詞

"毕业"など離合詞はいつ離して使うの？

"毕业"など離合詞に目的語を置くとき、離して使います。離合詞の中には、ほかに数詞なども置くことができます。

キホンのルール

離合詞は、「動詞＋目的語」でできています。離合詞の中にすでに目的語があるので、直接後ろに目的語を置くことができません。

毕业（卒業する）	→	業を 卒す
结婚（結婚する）	→	婚を 結ぶ
帮忙（助ける）	→	忙を 帮ける
散步（散歩する）	→	歩を 散らす
生气（怒る）	→	気を 生ず
打工（アルバイトをする）	→	工を 打つ
问好（よろしく言う）	→	好を 問う

ポイント 1 目的語を入れる

離合詞の中に、目的語を入れることができます。"帮忙"や"生气"など、"的"をよくつけます。

问 他 好（彼によろしく言う）
wèn tā hǎo

帮 他的 忙（彼を助ける）
bāng tā de máng

生 他的 气（彼に腹を立てる）
shēng tā de qì

ポイント2 人称代名詞や数詞を入れる

離合詞の中に、人称代名詞や数詞などを入れることができます。

我见过他一次面。
Wǒ jiànguo tā yí cì miàn.
私は彼に1度会ったことがある。

我在韩国留过两年学。
Wǒ zài Hánguó liúguo liǎng nián xué.
私は韓国に2年間留学したことがある。

他每天打五个小时工。
Tā měitiān dǎ wǔ ge xiǎoshí gōng.
彼は毎日5時間アルバイトをする。

能照个相吗？
Néng zhào ge xiàng ma?
写真を撮ってもらえますか？

出来散个步吧。
Chūlái sàn ge bù ba.
外に出て散歩でも行きましょう。

ポイント3 介詞を使う

目的語が"跟""给""向"などに導かれる場合は、離しません。

跟 他结婚（彼と結婚する）
gēn tā jiéhūn

给 他帮忙（彼を助ける）
gěi tā bāngmáng

向 他问好（彼によろしく言う）
xiàng tā wènhǎo

練習問題

日本語に合うように書き直してみよう。

❶ 他打工什么？
Tā dǎgōng shénme?

彼は何のアルバイトをしていたの？

❷ 我在中国留学过一年。
Wǒ zài Zhōngguó liúxuéguo yì nián.

私は中国に１年間留学していた。

❸ 我见面过一次她。
Wǒ jiànmiànguo yí cì tā.

私は彼女に１度会ったことがある。

❹ 明天我请客你的。
Míngtiān wǒ qǐng kè nǐ de.

明日私がおごります。

❺ 你替我向问好张老师。
Nǐ tì wǒ xiàng wènhǎo Zhāng lǎoshī.

君は私の代わりに張先生によろしくと伝えてください。

❻ 好了，你别生气我的了。
Hǎole, nǐ bié shēngqì wǒ de le.

分かった、君はもう私に腹を立てるのはやめて。

❼ 妈妈在生气哥哥的。
Māma zài shēng qì gēge de.

お母さんは兄に腹を立てています。

すっきり

- 離合詞は、「動詞＋目的語」でできていて、すでに目的語があるので、直接後ろに目的語を置くことができない。
- 離合詞の中に、人称代名詞や数詞などを入れることができる。
- 目的語が"跟""给""向"などに導かれる場合は、離さない。

+α 目的語がある離合詞の完了の語順

目的語がある離合詞の完了を表すときは、「目的語＋離合詞＋了」の順です。「大学を卒業する」を中国語で表す場合、"毕业"は離合詞なので目的語を伴えません。そこで目的語を主語として"毕业"の前に置いたりします。

我去年大学毕业了。　←　×我去年毕业大学了。
Wǒ qùnián dàxué biyè le.
私は去年大学を卒業した。

また次も日本語につられて、よく離合詞を普通の動詞のように訳してしまう例です。

他决定和他女朋友结婚。　←　×他决定结婚他女朋友。
Tā juédìng hé tā nǚpéngyou jiéhūn.
彼は彼女と結婚することを決めた。

向你妈妈问好。／问你的妈妈好。　←　×问好你妈妈。
Xiàng nǐ māma wènhǎo.　Wèn nǐ de māma hǎo.
お母さんによろしく。

もやもや 18 存在・出現

"来客人了。"と"客人来了。"は、意味が違う？

どちらも「お客さんが来た」という意味ですが、"来客人了。"は予期しない客で、"客人来了。"は予定していた客です。

キホンのルール

存在や出現を表す場合は、「場所＋動詞＋人・物」の順です。

場所 ＋ 動詞 ＋ 人・物

公园里种着各种各样的花。
Gōngyuánli zhòngzhe gèzhǒng gèyàng de huā.
公園にさまざまな花が植えてある。

我们学校来了三个转学生。
Wǒmen xuéxiào láile sān ge zhuǎnxuéshēng.
私たちの学校に3人の転校生がやって来た。

ポイント 1　新しい情報は動詞の後

新しい情報は動詞の後ろに置きます。そのため自然現象は動詞の後に置きます。

来客人了。
Lái kèrén le.
(予期せぬ)客が来た。

来电话了。
Lái diànhuà le.
(突然) 電話がかかって来た。

下雪了。
Xiàxuě le.
(急に) 雪が降って来た。

出太阳了。
Chū tàiyáng le.
(ふと空を見上げたら) 太陽が出た。

ポイント2 すでに話題に出た物は主語に

すでに話題に出た物、知っている物は主語として置かれます。

客人来了。
Kèrén lái le.
(予定していた) 客が来た。

电话来了。
Diànhuà lái le.
(予期していた) 電話がかかってきた。

雪又下起来了。
Xuě yòu xiàqilai le.
雪がまた降り出した。
＊雪が降っている (いた) ことを前提として考える

太阳出来了。
Tàiyáng chūlaile.
太陽が出た。
＊太陽がある一定の時間に出ることが分かっている

練習問題

並び替えて文を作ってみよう。

❶ 突然，电话，了，来

_____。

突然電話がかかってきた。

❷ 雨，下，了

_____。

雨が降った。

❸ 一幅画，墙上，贴着

_____。

壁に1枚絵が貼ってある。

❹ 了，刮，昨天，风，晚上，大

_____。

昨晩大きな風が吹いた。

❺ 火车里，坐着，客人，不少

_____。

列車の中にはたくさんの客が座っている。

❻ 种着，很多花，校园里

_____。

キャンパスには花がたくさん植えてある。

❼ 屋里，跑出来，一只，老鼠，突然

_____。

部屋の中からネズミが1匹飛び出してきた。

> ╲╲すっきり╱╱
>
> ・存在や出現を表す場合は、「場所＋動詞＋人・物」の順。
> ・新しい情報は動詞の後。自然現象も新しい情報。
> ・すでに話題に出た物、知っている物は主語に。

+α 主語の位置

中国語の主語は、話し手と聞き手が知っている人や物事しか置けません。

买了一条裤子。 ← ×一条裤子买了。
Mǎile yì tiáo kùzi.
ズボンを1本買った。

走了一个学生。 ← ×一个学生走了。
Zǒule yí ge xuésheng.
1人の学生が去った。

"一条裤子"や"一个学生"は、具体的にどのズボンやどの学生を指しているのか分かりません。そのため前後に特定できるような文脈がない場合、動詞の後ろに置く必要があります。

もやもや 19 名詞の場所性

"里"や"上"をつけた方がいいのかどうか？

"在"や"到"の後や、存在や出現の文の先頭の名詞は、場所を表す名詞でなければいけません。場所を表さない名詞の場合は、"里""上"をつけます。国名や地名、場所を表す空間や組織にはつけません。

キホンのルール

場所を表さない名詞に"里""上"をつけ、場所性を持たせます。

他在床上躺着。
Tā zài chuángshang tǎngzhe.
彼はベッドの上に横たわっている。

我的猫在书架上睡着了。
Wǒ de māo zài shūjiàshang shuìzháo le.
私の猫は本棚の上で眠っている。

桌子上有一本书。
Zhuōzishang yǒu yì běn shū.
机の上に1冊本がある。

ポイント1 国名・地名

"日本""北京""上海""东京"など、国名・地名など場所を表す固有名詞には、"里""上"をつける必要がありません。

他在中国找工作。
Tā zài Zhōngguó zhǎo gōngzuò.
彼は中国で就職活動をします。

ポイント2　場所を表す名詞

"家""教室""学校""公园""医院""食堂""图书馆"など、場所を表す空間・組織は、"里""上"を省略できます。

他在食堂（里）吃饭。
Tā zài shítángli chī fàn.
彼は食堂で食事をします。

ポイント3　"里"がつく名詞、"上"がつく名詞

場所を表さない名詞には、"里""上"が必要です。組み合わせが決まっています。

・"里"がつく名詞
　　"口袋""院子""杯子""屋子"

往杯子里倒咖啡。
Wǎng bēizili dào kāfēi.
コップにコーヒーを入れる。

我喜欢一个人呆在屋子里。
Wǒ xǐhuan yí ge rén dāi zài wūzili.
私は1人で部屋にいるのが好きです。

・"上"がつく名詞
　　"桌子""书架""黑板""路""墙""床"

桌子上有个花瓶。
Zhuōzishang yǒu ge huāpíng.
机の上に花瓶があります。

我在回家的路上等你。
Wǒ zài huíjiā de lùshang děng nǐ.
私は帰り道あなたを待っています。

練習問題

日本語に合うように、適切な位置に入れてみよう。

❶ 上

老师在黑板写了很多字。
Lǎoshī zài hēibǎn xiěle hěn duō zì.

先生は黒板にたくさん字を書いた。

❷ 里

桌子下面有个杯子，并且杯子有个勺子。
Zhuōzi xiàmiàn yǒu ge bēizi, bìngqiě bēizi yǒu ge sháozi.

テーブルの下にはコップがあり、またコップの中にレンゲがあります。

❸ 上

我再也不在街乱吃东西了。
Wǒ zài yě bú zài jiē luànchī dōngxi le.

私はもうまたむやみに道端で物を食べないことにした。

❹ 里

我在图书馆看书。
Wǒ zài túshūguǎn kàn shū.

私は図書館で本を読む。

❺ 上

柜台放着一个花瓶。
Guìtái fàngzhe yí ge huāpíng.

カウンターには花瓶が1つ置いてある。

❻ 上

你的书放在桌子。
Nǐ de shū fàng zài zhuōzi.

君の本は机に置いてある。

> **すっきり**
> ・国名・地名など場所を表す固有名詞には、"里""上"をつけない。
> ・場所を表す空間・組織は、"里""上"を省略できる。
> ・場所を表さない名詞には、"里""上"が必要。

+α　　　　　人称代名詞の場所化

　人称代名詞や人を指す名詞の後に、"上"や"里"を直接つけることはできません。"前面"や"后边"などをつけます。

×我前　　　　→　　　我（的）前面
私の前
×妹妹后　　　→　　　妹妹（的）后边
妹の後ろ

　また"这儿"や"那儿"をつけることもできます。

奶奶，您坐我这儿吧。
Nǎinai,　nín zuò wǒ zhèr ba.
おばあちゃん、私のところに座ってはどうでしょう。

我从加拿大老师那儿学到了很多东西。
Wǒ cóng Jiānádà lǎoshī nàr xuédào le hěn duō dōngxi.
私はカナダ人の先生から多くのものを学んだ。

もやもや 20 "有点儿""一点儿""一会儿"

「ちょっと」はどこに入れる？

"有点儿"は形容詞の前に、"一点儿"を形容詞の後に置きます。

キホンのルール

「ちょっと」という意味で、"有点儿"を形容詞の前に、"一点儿"を形容詞の後に置きます。

有点儿 ＋ 形容詞 （好ましくない場合に使う）

有点儿头疼。
Yǒudiǎnr tóuténg.
ちょっと頭が痛い。

这件衣服有点儿贵。
Zhè jiàn yīfu yǒudiǎnr guì.
この服は少し高い。

形容詞 ＋ 一点儿

再便宜一点儿吧。
Zài piányi yìdiǎnr ba.
もうちょっと安くしてください。

有没有安静一点儿的歌曲？
Yǒu méiyou ānjìng yìdiǎnr de gēqǔ?
もう少し静かな曲はありませんか？

ポイント1 "一会儿"

「ちょっと」「しばらく」という動作時間が短いことを表す"一会儿"は、動詞の後ろか、副詞として動詞や形容詞の前に置きます。

動詞 ＋ 一会儿

先让我想一会儿，好吗？
Xiān ràng wǒ xiǎng yíhuìr, hǎo ma?
先に少し考えさせてもらってもいいですか？

一会儿 ＋ 動詞 / 形容詞

最近天气很不正常，一会儿热，一会儿冷。
Zuìjìn tiānqì hěn bú zhèngcháng, yíhuìr rè, yíhuìr lěng.
最近天気は異常で、ちょっと暑くなったりちょっと寒くなったりする。

ポイント2 "一下"

「ちょっと」「１回」という動作の時間や動作量が少なく、または１回行うことを表す"一下"は、動詞の後に置きます。

動詞 ＋ 一下

我出去一下，就回来。
Wǒ chūqù yíxià, jiù huílai.
私はちょっと出かけてすぐに戻ってくる。

我给你介绍一下。
Wǒ gěi nǐ jièshào yíxià.
私はあなたにちょっと紹介します。

練習問題

日本語に合うように入れてみよう。
[一会儿，一点儿，有点儿，一下]

❶ 我（　　）难受，想休息休息。
　　Wǒ　　　nánshòu, xiǎng xiūxixiūxi.

　私は身体の具合が少し悪いので、少し休みたい。

❷ 能便宜（　　）吗?
　　Néng piányi　　ma?

　少し安くしてもらえますか？

❸（　　）见！
　　　　　jiàn!

　後ほど会いましょう。

❹ 我给你介绍（　　）吧。
　　Wǒ gěi nǐ jièshào　　ba.

　私はあなたにちょっと紹介しましょう。

❺ 这个问题（　　）难。
　　Zhè ge wèntí　　nán.

　この問題は少し難しい。

❻ 我的表快了（　　）。
　　Wǒ de biǎo kuàile　　．

　私の腕時計はちょっと進んでいる。

❼（　　）这样，（　　）那样，你到底想干什么?
　　　　　zhèyàng,　　　nàyàng, nǐ dàodǐ xiǎng gàn shénme?

　こうやったり、ああやったり、君は一体何をしたいんだ？

すっきり

- "有点儿"は形容詞の前に、"一点儿"を形容詞の後に置く。
- "一会儿"は、動詞の後ろか、副詞として動詞や形容詞の前に置く。
- 動作の時間や動作量が少なく、または1回行うことを表す"一下"は、動詞の後に置く。

+α　動詞の重ね型や量詞を使った「ちょっと」

動詞の重ね型や量詞を使っても「ちょっと」という意味を表せます。

・動詞の重ね型

我来介绍介绍。
Wǒ lái jièshàojièshào.
ちょっと紹介します。

尝尝吧。
Chángchang ba.
ちょっと食べてみたら。

・動詞＋量詞＋名詞

我们一起去喝杯酒吧。
Wǒmen yìqǐ qù hē bēi jiǔ ba.
一緒にちょっと一杯飲みに行こうよ。

我有个事情请大家帮忙？
Wǒ yǒu ge shìqing qǐng dàjiā bāngmáng?
ちょっとしたことがあるのだけどみんな助けてくれないかな？

第3部

補語がもやもやする！

英語の「補語」と中国語で「補語」と呼んでいるものは違うということに気づいていますか？　その性質の違いに、使いこなすためのヒントが隠されています。

もやもや 21 中国語の補語

補語っていろいろあるけど何？

補語は、動詞や形容詞の後に置かれ、動作などの結果や状況について補足するものです。中国語と英語では、同じく「補語」と呼んでいますが、役割が違います。英語の補語は、主語や目的語について補足するものです。

・英語

I   am   a student.
主語 動詞   補語
私は学生です。

I will   make   you   happy.
主語 動詞   目的語   補語
私は君を幸せにするつもりだ。

・中国語

我   听   懂。
主語 動詞 補語
私は聞いて分かる。

我   高兴   得   不得了。
主語 形容詞   補語
私はうれしくてたまらない。

キホンのルール

動詞の方向を表す方向補語と、動詞の結果を表す結果補語があります。

動詞 ＋ 方向補語
他进来。
Tā jìnlai.
彼は入ってくる。

動詞 ＋ 結果補語
火车票卖完了。
Huǒchēpiào màiwán le.
列車の切符が完売した。

ポイント1 様態補語

動作の様子や結果の状態を表すのが、様態補語です。

動詞／形容詞 ＋ 得 ＋ 様態補語

我昨天晚上睡得很晚。
Wǒ zuótiān wǎnshang shuìde hěn wǎn.
私は昨晩寝るのが遅かった。

我伤心得要哭了。
Wǒ shāngxīnde yào kū le.
私は悲しくて泣きそうになった。

ポイント2 程度補語

程度を強調するのが、程度補語です。

動詞 ＋ （得） ＋ 程度補語

我累得要命。
Wǒ lèide yàomìng.
私は疲れてたまらない。

味道好极了。
Wèidao hǎo jí le.
味が絶品だ（良くてたまらない）。

ポイント3 可能補語

動詞と方向補語や結果補語の間に"得"か"不"を入れて、可能・不可能を表す可能補語があります。

方向補語・結果補語	→	可能補語
回来		回得来　／　回不来
戻ってくる		戻って来られる　／　戻って来られない
学完		学得完　／　学不完
学び終える		学び終えられる　／　学び終えられない

練習問題

日本語に合うように、適切な位置に入れてみよう。

❶ 得很早
他今天早上起。
Tā jīntiān zǎoshang qǐ.
彼は今朝起きるのが早かった。

❷ 得慌
我肚子饿。
Wǒ dùzi è.
私はお腹がすいてたまらない。

❸ 得
这篇中文小说不太难，大家都看懂。
Zhè piān Zhōngwén xiǎoshuō bú tài nán, dàjiā dōu kàndǒng.
この中国語の小説はそれほど難しくないから、みんな読めます。

❹ 得
他跑不快。
Tā pǎo bú kuài.
彼は走るのが遅い。

❺ 不清楚
黑板上的字太小了，我看。
Hēibǎnshang de zì tài xiǎo le, wǒ kàn.
黒板の字が小さすぎて、私ははっきり見えません。

❻ 得
你来正好。
Nǐ lái zhènghǎo.
君はちょうどいい時に来た。

> **すっきり**
>
> - 動詞の方向を表す方向補語と、動詞の結果を表す結果補語がある。
> - 動作の様子や結果の状態を表すのが、様態補語。
> - 程度を強調するのが、程度補語。
> - 動詞と方向補語や結果補語の間に"得"か"不"を入れて、可能・不可能を表すのが可能補語。

+α 日本語では言わない方向や結果の表現

補語を難しいと感じる原因の1つに、日本語ではわざわざ言わない場面で、方向や結果について言わなければならないことがあります。

可以进来吗？ ← ×可以进吗？
Kěyǐ jìnlai ma?
中に入ってもいいですか？

她都记住了。 ← ×她都记了。
Tā dōu jìzhù le.
彼女はすべて暗記しました。

また、日本語は結果しか言わないことが多いのですが、中国語は結果だけではなく、どういう動作をした結果かという動作も言います。

日本語（結果のみ）	中国語（動作＋結果）
	听错（聞き間違える）
間違える	写错（書き間違える）
	说错（言い間違える）
	算错（数え間違える）

もやもや22 状語

「楽しく遊ぶ」は、"开心"と"玩儿"どっちが先？

「楽しく遊ぶ」は"开心地玩儿"とも"玩儿得很开心"とも言えます。日本語では「楽しく」のように動詞の前に置く語が、中国語では動詞に前からかかる語としても補語としても使われます。

キホンのルール

動詞や形容詞の前に置き、それにかかる語を状語と呼びます。副詞、形容詞、および「形容詞＋地」などがあります。

副詞 ＋ 動詞 ／ 形容詞
他忽然想起来了。
Tā hūrán xiǎngqilai le.
彼は突然思い出した。

形容詞 ＋ 動詞
他认真工作。
Tā rènzhēn gōngzuò.
彼はまじめに仕事をした。

形容詞 ＋ 地 ＋ 動詞
他高兴地回家去了。
Tā gāoxìng de huíjiāqù le.
彼はうれしそうに帰って行った。

ポイント1 状語と補語の違いと重複

状語は、かかる動詞・形容詞がどのようなものかを説明し、補語は、補足する動詞・形容詞の後に置き、結果や状況を説明します。使い方が重なる場合もあります。

状語 ("很"がかかる形容詞"漂亮"を説明)
她很漂亮。
Tā hěn piàoliang.
彼女はとても美しい。

補語 ("很"が補足する"漂亮"の状況を説明)
她漂亮得很。
Tā piàoliangde hěn.
彼女はとても美しい。

*状語の"很"はお飾り的に使われているだけで、「とても」という意味はありません。補語の"得很"は補足する語の程度を強めています

ポイント2 願望表現では補語を使わない

願望表現は動作の状況や結果を説明しないため、補語は使えません。

我希望有一天流利地说汉语。←✕我希望有一天汉语说得很流利。
Wǒ xīwàng yǒu yì tiān liúlì de shuō Hànyǔ.
私はいつか流暢に中国語を話せるようになりたい。

ポイント3 動作の結果で状語は使わない

動作の結果を説明する場合、状語は使えません。補語を使います。

今天雨下得很大。　←　✕今天雨很大地下。
Jīntiān yǔ xiàde hěn dà.
今日は雨がたくさん降った。(雨が降った結果を伝えたい)

103

練習問題

並び替えて文を作ってみよう。

❶ 我，地，认真，学习，要

　_____。
　私はまじめに勉強しなければならない。

❷ 很快，经济，得，东南业，发展

　_____。
　東南アジア経済の発展（した結果）は速い。

❸ 很厉害，刮，昨天，得，风

　_____。
　昨日の風はすごかった。

❹ 讲，王老师，很清楚，得

　_____。
　王先生は説明が分かりやすい。

❺ 一个人，我，思考，想，静静地

　_____。
　私は1人で静かに考えたい。

❻ 地，无精打采，了，回家，她

　_____。
　彼女は意気消沈して家に帰った。

❼ 说得，日本人，日语，他，一样，像

　_____。
　彼は日本人のように日本語を話す。

> **すっきり**

- 動詞や形容詞の前に置き、それにかかる語を状語と呼ぶ。形容詞、および「形容詞＋地」など。
- 状語は、かかる動詞・形容詞がどのようなものかを説明し、補語は、補足する動詞・形容詞の後に置き、結果や状況を説明する。
- 願望表現は動作の状況や結果を説明しないため、補語は使えない。
- 動作の結果を説明する場合、状語は使えない。補語を使う。

+α 形容詞や数量詞の重ね型に"地"をつける状語

"地"をつけて状語になるものとしてはほかに、形容詞や数量詞の重ね型、慣用表現があります。

他们高高兴兴地回家。
Tāmen gāogāoxìngxing de huíjiā.
彼らは楽しそうに家へ帰る。

她的希望一个一个地破灭，她的心都发冷了。
Tā de xīwàng yíge yíge de pòmiè, tā de xīn dōu fālěng le.
彼女の希望は一つ一つ壊れ、彼女の心はもう冷えきってしまった。

她一直在看着电视，无精打采地回答着我的问题。
Tā yìzhí zài kànzhe diànshì, wújīngdǎcǎi de huídázhe wǒ de wèntí.
彼女はずっとテレビを見ながら、覇気なく私の質問に答えている。

もやもや 23 程度補語 "得"

補語の "得" をつける？ つけない？

程度補語には、"得" をつけるものと、つけないものがあります。"得" をつけるものに "得不得了" "得慌" "得厉害" があり、"得" をつけないものに "死了" "坏了" "透了" "多了" などがあります。

キホンのルール

「形容詞/動詞＋得＋程度補語」の形で使い、その様子・程度・状況を詳しく説明します。否定や疑問は、補語の部分で行います。

形容詞 / 動詞 ＋ 得 ＋程度補語

我孩子高兴得跳起来了。
Wǒ háizi gāoxingde tiàoqǐlai le.
私の子供はうれしくて飛び跳ねた。

你来得太早了。
Nǐ láide tài zǎo le.
君は来るのがすごく早いね。

他来得不太早。
Tā láide bú tài zǎo.
彼は来るのがそれほど早くない。

你儿子玩得高兴不高兴？
Nǐ érzi wánde gāoxìng bù gāoxìng?
君の息子は遊んで楽しかったかい？

ポイント1　"得"をつける程度補語

"得"をつける程度補語に、"得不得了""得慌""得厉害"があります。

今天热得不得了。
Jīntiān rède bù déliǎo.
今日は暑くてたまらない。

肚子饿得慌。
Dùzi ède huang.
お腹がすいてたまらない。

头疼得厉害。
Tóuténgde lìhai.
頭が痛くてたまらない。

ポイント2　"得"をつけない程度補語

"得"をつけない程度補語に、"死了""坏了""透了""多了"があります。

老公忙死了。
Lǎogōng mángsǐ le.
旦那さんが忙しくてたまらない。

国际油价下跌急坏了谁？
Guójì yóujià xiàdiē jíhuài le shéi?
国際的なガソリンの価格低下は誰を焦らすのでしょう？

真是糟糕透了。
Zhēn shì zāogāotòu le.
本当に全く駄目だ。

这样效率就高多了。
Zhèyàng xiàolù jiù gāoduō le.
こうしたら効率がもっと良くなる。

練習問題

"得"が必要な場合、適切な位置に入れてみよう。

❶ 她漂亮极了。
Tā piàoliang jí le.

彼女はとってもきれいだ。

❷ 每天限时供水，村民渴慌。
Měitiān xiànshí gòngshuǐ, cūnmín kě huāng.

毎日給水時間に制限があり、村人たちは喉が乾いてたまらない。

❸ 最近我工作忙坏了。
Zuìjìn wǒ gōngzuò mánghuài le.

最近私は仕事が忙しくてたまらない。

❹ 我读了这篇后惭愧不得了。
Wǒ dú le zhè piān hòu cánkuì bú déliǎo.

これを私は読んで恥ずかしくてたまらなくなった。

❺ 我困死了。
Wǒ kùnsǐ le.

私は眠くてたまらない。

❻ 听说他病很厉害。
Tīngshuō tā bìng hěn lìhai.

彼は病気がひどいそうです。

❼ 最近我忙要命。
Zuìjìn wǒ máng yàomìng.

最近私は忙しくてたまらない。

すっきり

- 「形容詞/動詞＋得＋程度補語」の形で使い、その様子・程度・状況を詳しく説明する。否定や疑問は、補語の部分で行う。
- "得"をつける程度補語に、"得不得了""得慌""得厉害"がある。
- "得"をつけない程度補語に、"死了""坏了""透了""多了"がある。

+α　　程度補語 "死了"

"死了"を「動詞＋（完了の）了」と考えて、「死んだ」と訳したくなりますが、「死ぬほど〜」ということから「とても〜」という程度補語として使われる場合がほとんどです。語順を変えても大丈夫です。

我累死了。　／　累死我了。
Wǒ lèisǐ le.　　Lèisǐ wǒ le.
私はすごく疲れた。

我吓死了。　／　吓死我了。
Wǒ xiàsǐ le.　　Xiàsǐ wǒ le.
私はすごくビックリした。

もやもや 24 結果補語・結果補語の諸相

「受け取った」の結果をどう表す？

「受け取った」は、動詞に"到"をつけて、"收到了"とします。中国語では結果まで言わなければならないことがありますが、同じことを日本語で表すと動作しか言わないことがあります。

キホンのルール

「動詞＋補語」という形で、動作の結果を表します。否定は"没"を使います。

動詞　＋　補語（動詞　/　形容詞）

学完：学（勉強する）　＋　完（終わる）　→　勉強し終える

打错：打（打つ）　＋　错（間違える）　→　打ち間違える

我学完了拼音。
Wǒ xuéwánle pīnyīn.
私はピンインを学び終えた。

我还没学完拼音。
Wǒ hái méi xuéwán pīnyīn.
私はまだピンインを学び終えていない。

ポイント1　動詞は動作だけを表し、結果は結果補語で

　動詞は動作だけを表し、結果補語で結果を表します。"到""见""住"などがあります。「收（受け入れる）＋到（到達する）」「看（見る）＋见（目に入る）」「记（覚える）＋住（とどめる）」のように使います。

他收到了一封信。
Tā shōudàole yì fēng xìn.
彼は手紙を1通受け取った。

你看见了什么？
Nǐ kànjiànle shénme?
あなたは何が見えましたか？

这个单词我已经查过好几次了，可还没记住。
Zhè ge dāncí wǒ yǐjīng cháguo hǎo jǐ cì le, kě hái méi jìzhù.
この単語はもう何回も調べたことがあるが、まだ覚えていない。

ポイント2　結果は動詞と一緒に使う

　日本語は結果しか表しませんが、中国語は動詞と一緒に結果を表します。「用（使う）＋完（終わる）」「听（聞く）＋懂（分かる）」「染（染める）＋红（赤い）」のように使います。

手机电池用完了。
Shǒujī diànchí yòngwán le.
携帯の電池（電源）が終わった。

他的话只有妻子能听懂。
Tā de huà zhǐ yǒu qīzi néng tīngdǒng.
彼の話は奥さんしか分からない。

夕阳染红了天空。
Xīyáng rǎnhóngle tiānkōng.
夕陽は空を赤くした。

練習問題

日本語に合うように、動詞や結果補語を入れてみよう。

❶ 直到现在我还没收他的信。
Zhídào xiànzài wǒ hái méi shōu tā de xìn.

現在に至るまで私はまだ彼の手紙を受け取っていない。

❷ 我已经做作业了。
Wǒ yǐjīng zuò zuòyè le.

私は宿題が終わった。

❸ 他说的方言我没懂。
Tā shuō de fāngyán wǒ méi dǒng.

彼の話す方言は私には分からなかった。

❹ 对不起，我打了。
Duìbuqǐ, wǒ dǎ le.

(電話で)すみません、かけ間違えました。

❺ 我已经记车牌号码了。
Wǒ yǐjīng jì chēpái hàomǎ le.

私はナンバープレートの番号をすでに覚えた。

❻ 火车票到了吗?
Huǒchēpiào dào le ma?

列車の切符は買えましたか？

❼ 他的话，大家都听了吗?
Tā de huà, dàjiā dōu tīng le ma?

彼の言っていること、皆さん分かりましたか？

> **すっきり**
> - 「動詞＋補語」という形で、動作の結果を表す。否定は"没"を使う。
> - 動詞は動作だけを表し、結果補語で結果を表す。
> - 日本語は結果しか表さないが、中国語は動詞と一緒に結果を表す。

＋α　動作と結果のセット

　日本語を中国語にするとき、「動詞＋結果補語」にすることを意識しましょう。「受け取る」を訳す場合、動作は「受ける」、結果は「到達する」だから"收到"と考える癖をつけてください。日本語で結果しかない「分かる」を訳す場合は、動作は"听"「聞く」、"看"「見る」などいろいろあります。日本語で結果だけで表現されている場合、「どういう動作をした結果か？」と、立ち止まって考えてみましょう。

他收到了一封信。
Tā shōudàole yì fēng xìn.
手紙を１通受け取った。

他的话只有妻子能听懂。
Tā de huà zhǐ yǒu qīzi néng tīngdǒng.
彼の話は奥さんしか分からない。

もやもや25 完成の結果補語

"买到""买好""买完"がうまく使えません。

"买到"は「買うことができた」、"买好"は「ちゃんと買った」、"买完"は「買い終えた」です。どう完成したかという結果を示しています。

キホンのルール

完成を示す結果補語には、"到""好""完"があります。"到"は「～できた」、"好"は「ちゃんと～する、～し終わる」、"完"は「～し終わる」です。

我找到了解决方法。
Wǒ zhǎodàole jiějué fāngfǎ.
私は解決方法を見つけた。

信写好了。
Xìn xiěhǎo le.
手紙を書き終えた。

火车票都卖完了。
Huǒchēpiào dōu màiwán le.
列車の切符はすでに売り切れた。

ポイント1　目的の到達の"到"

"到"は目的の到達を意味する場合に使います。"好"や"完"は使いません。

迷路男子终于找到了。
Mílù nánzi zhōngyú zhǎodào le.
迷子の男の子がついに見つかった。

我收到了一张明信片。
Wǒ shōudàole yì zhāng míngxìnpiàn.
私は1通のハガキを受け取った。

ポイント2　質的な完成の"好"

"好"は「ちゃんと～する」「出来上がる」ときなど、質的な完成に使います。"完"は使いません。

我昨晚没睡好，现在有点儿困。
Wǒ zuówǎn méi shuìhǎo, xiànzài yǒudiǎnr kùn.
私は昨晩ちゃんと眠れなかった。今は少し眠い。

我的手机已经修好。
Wǒ de shǒujī yǐjīng xiūhǎo.
私の携帯はすでに修理し終えた。

ポイント3　量的な完成の"完"

"完"は量的に完成、つまり「終わった」ときに使います。"好"は使いません。

这本书我已经看完了。
Zhè běn shū wǒ yǐjīng kànwán le.
この本はすでに読み終えた。

为什么喝完咖啡反而想睡觉？
Wèishénme hēwán kāfēi fǎn'ér xiǎng shuìjiào?
どうしてコーヒーを飲み終えるとかえって眠たくなるのか？

練習問題

1つ選んで入れてみよう。

[到，好，完]

❶ 书店没有这本书，所以我没买。
Shūdiàn méiyou zhè běn shū, suǒyǐ wǒ méi mǎi.

本屋にはこの本がなかったので、私は買えませんでした。

❷ 你昨晚睡了吗?
Nǐ zuówǎn shuìle ma?

君は昨日の夜は眠れたかい？

❸ 吃饭多久以后可以泡澡?
Chī fàn duō jiǔ yǐhòu kěyǐ pàozǎo?

ご飯を食べてどのくらい経ってからお風呂に入れますか？

❹ 在泰安市什么地方能看泰山全景?
Zài Tài'ānshì shénme dìfang néng kàn Tàishān quánjǐng?

泰安市のどの場所が泰山全体の景色が見られますか？

❺ 你做作业，再去玩儿吧!
Nǐ zuò zuòyè, zài qù wánr ba!

君は宿題を終えてから、遊びに行ってね。

❻ 行李都准备了。
Xíngli dōu zhǔnbèi le.

荷物はすべて準備した。

❼ 电影票都卖了。
Diànyǐngpiào dōu mài le.

映画のチケットがすべて売り切れた。

> **すっきり**
>
> ・完成を示す結果補語には、"到""好""完"がある。
> ・"到"は目的の到達を意味する場合に使う。
> ・"好"は「ちゃんと〜する」「出来上がる」ときなど、質的な完成に使う。
> ・"完"は量的に完成、つまり「終わった」ときに使う。

+α 質・量・目的すべて満たした完成

　質的にちゃんとできた完成で、量的に終えた完成でもある場合は、"好"も"完"も使えます。さらに、目的に到達している場合、"到"も使えます。ニュアンスが違うので、伝えたい結果に合った補語を選びます。

作文が書き終わりました。

作文写好了。　　作文が優秀な作品として完成
Zuòwén xiěhǎo le.

作文写完了。　　作文が文字数などを守って完成
Zuòwén xiěwán le.

作文写到了。　　作文が規定の部分まで到達して完成
Zuòwén xiědào le.

もやもや26 方向補語

"来"や"去"は、いつつければいいの？

動詞の"进""出""上""下""回"などは、方向補語をつけます。動作の方向は日本語では表さないので、意識しなければいけません。

キホンのルール

　方向補語は、動詞の後に置き、動作の方向を表します。「動詞＋来」で話し手の元に来ることを表し、「動詞＋去」で、話し手から去ることを表します。さらに、中に入ることを"进"で、外に出ることを"出"で、戻ることを"回"で、過ぎることを"过"で、ある起点から上がることを"起"で表します。

他出去了。
Tā chūqu le.
彼は出て行った。

我回来了。
Wǒ huílai le.
私は帰って来た。

方向補語と一緒に使う動詞

ポイント1

動詞の"进""出""上""下""回"はあまり単独では使わず、方向補語"来"や"去"をつけます。

现在可以进去了。
Xiànzài kěyǐ jìnqu le.
今中に入れるよ。

太阳已经出来了。
Tàiyáng yǐjīng chūlai le.
太陽がすでに出た。

泰山怎么上去?
Tàishān zěnme shàngqu?
泰山はどうやって登るの?

她终于下来了。
Tā zhōngyú xiàlai le.
彼女はようやく降りて来た。

你不用等我了，先回去吧。
Nǐ búyòng děng wǒ le, xiān huíqu ba.
君はもう私を待たなくていいよ。先に帰りなさい。

ポイント2 **方向補語が不要な場合も**

方向補語と一緒に使う動詞でも、"来"や"去"などの方向補語を使わず、動詞単独で使うことがあります。

请进！
Qǐng jìn!
どうぞお入り下さい。

他回公司了。
Tā huí gōngsī le.
彼は会社に戻った。

練習問題

1つ選んで入れてみよう。
[来，去]

❶ 你把那幅画儿拿下。
Nǐ bǎ nà fú huàr náxià.

君はその絵を降ろして来て。

❷ 他们已经跑进了。
Tāmen yǐjīng pǎojìn le.

彼らはすでに駆け込んで行った。

❸ 从美国买回的苹果手机能在大陆用吗？
Cóng Měiguó mǎihuí de Píngguǒ shǒujī néng zài dàlù yòng ma?

アメリカから買ってきたアップルの携帯は中国大陸でも使えるの？

❹ 他们已经回了。
Tāmen yǐjīng huí le.

彼らはすでに戻って行った。

❺ 一头猪跑了。
Yì tóu zhū pǎo le.

1匹の豚が走って入って来た。

❻ 他们已经走进了。
Tāmen yǐjīng zǒujìn le.

彼らはすでに入って行った。

❼ 数学作业忘带回了，怎么办？
Shùxué zuòyè wàng dàihuí le, zěnme bàn?

数学の宿題を持って来るのを忘れました。どうしたらいいでしょうか？

すっきり

- 方向補語は、動詞の後に置き、動作の方向を表す。
- 動詞の"进""出""上""下""回"はあまり単独では使わず、方向補語"来"や"去"をつける。
- 方向補語と一緒に使う動詞でも、"来"や"去"などの方向補語を使わず、動詞単独で使うことがある。

+α　ほかの動詞と一緒に使う"来""去"

　お互いに見える場所におり、「～しに来て」や「～しに行く」という場合によく"过来"や"过去"を使います。また同じ場所にいる時、「～を持って来て」や「～を持って行って」という場合"拿过来"や"拿过去"と言ったりします。

明明，你过来吧。
Míngmíng, nǐ guòlai ba.
ミンミン、君こっちに来なさいよ。

好的，我马上就过去。
Hǎo de, wǒ mǎshàng jiù guòqù.
分かった。私はすぐに向こうに行きます。

来，你把资料拿过来。
Lái, nǐ bǎ zīliào náguolai.
さあ、資料を持って来て。

もやもや 27　複合方向補語

方向補語を2つつけるって、どんなとき？

「動詞＋进/出/上/下/回」には、"来"や"去"をつけることが多く、"把"構文で"进""出""上""下""回"を使うとき、"来"や"去"をつけます。

キホンのルール

方向補語を2つつけることがあり、複合方向補語と呼びます。

動詞　＋（进/出/上/下/回/过）＋来/去
動詞　＋　起　＋　来

今天有两位外国人跑过来说："你的发型真不错。"
Jīntiān yǒu liǎng wèi wàiguórén pǎoguolai shuō: "Nǐ de fàxíng zhēn búcuò."
今日2人の外国人がやって来て言った。「君の髪型本当にいいね」

有辆车从我面前开过去了。
Yǒu liàng chē cóng wǒ miànqián kāiguoqu le.
ある車が私の前を通り過ぎていった。

我想起来了。
Wǒ xiǎngqilai le.
私は思い出したよ。

ポイント 1

「動詞＋进／出／上／下／回＋来／去」

「動詞＋进／出／上／下／回」は、"来"や"去"をつけることが多いです。

老师拿着书 走进 来 。
Lǎoshī názhe shū zǒujinlai.
先生は本を持って入って来た。

你怎么又偷偷地 跑出 来 ？
Nǐ zěnme yòu tōutōude pǎochulai?
なぜ君はまたこっそり抜け出したの？

香山多久能 爬上 去 ？
Xiāngshān duō jiǔ néng páshangqu?
香山はどのくらいで登って行けるの？

你们 走下 来 吧。
Nǐmen zǒuxialai ba.
君たち降りて来なさいよ。

请问，日本有什么好东西值得 买回 来 ？
Qǐng wèn, Rìběn yǒu shénme hǎo dōngxi zhíde mǎihuilai?
すみません、日本はどういう物が買って帰る価値があるの？

ポイント 2

"把"構文では「进／出／上／下／回＋来／去」

"把"構文で"进""出""上""下""回"を使う場合は、"来"や"去"をつけます。

我们一定把冠军 拿回 来 。
Wǒmen yídìng bǎ guànjūn náhuilai.
私たちは必ず優勝を取り戻す。

怎么把硬盘 拆下 来 ？
Zěnme bǎ yìngpán chāixialai?
どうやってハードディスクを取り外すの？

練習問題

1つ選んで入れてみよう。
[去，来]

❶ 这些梨子你拿回吧。
Zhè xiē lízi nǐ náhuí ba.

これらのナシを持って帰って。

❷ 他把眼镜摘下了。
Tā bǎ yǎnjìng zhāixià le.

彼はメガネを外した。

❸ 那天我从学校跑出了。
Nà tiān wǒ cóng xuéxiào pǎochū le.

その日私は学校から抜け出して来た。

❹ 请把椅子拿回。
Qǐng bǎ yǐzi náhuí.

どうぞ椅子を持って行ってください。

❺ 我弟弟从楼上跑下了。
Wǒ dìdi cóng lóushàng pǎoxià le.

私の弟は上の階から走り降りて来ました。

❻ 我把舌头伸出了。
Wǒ bǎ shétou shēnchū le.

私は舌を出した。

❼ 我不小心把口香糖咽下了。
Wǒ bù xiǎoxīn bǎ kǒuxiāngtáng yànxià le.

私は不注意にもガムをのみ込んでしまった。

すっきり

- 方向補語を2つつけることがあり、複合方向補語と呼ぶ。
- 「動詞＋进/出/上/下/回」は、"来"や"去"をつけることが多い。
- "把"構文で"进""出""上""下""回"を使う場合は、"来"や"去"をつける。

+α　派生的な意味の複合方向補語

複合方向補語には、本来の意味から広がった派生的な意味があります。

・过来（元の状態（正常な）に戻る）
为什么我晚上睡觉半夜总是醒过来？
Wèishénme wǒ wǎnshang shuìjiào bànyè zǒngshì xǐngguolai?
なぜ私は夜眠るといつも夜中に目覚めるのか？

・过去（正常な状態でなくなる）
她一看到那条蛇就昏过去了。
Tā yí kàndào nà tiáo shé jiù hūnguoqu le.
彼女はその蛇を見るとすぐ気を失った。

・起来（〜し始める）
老师刚说完，我就紧张起来了。
Lǎoshī gāng shuōwán, wǒ jiù jǐnzhāngqilai le.
先生がちょうど話し終わると、私は緊張し始めました。

もやもや 28　方向補語と目的語

"走进去电影院"ですか？
"走进电影院去"ですか？

"走进电影院去"です。"去"は場所を示す目的語の後に置きます。

キホンのルール

場所を示す目的語は、"来"や"去"の前に置きます。

動詞　＋（进／出／上／下／回／过）＋　場所の目的語　＋　来／去

他回宿舍来了。
Tā huí sùshè lai le.
彼女は宿舎に戻ってきた。

ポイント 1　場所以外の目的語は"来""去"の前でも後でも置ける

場所以外の目的語は、"来"や"去"の前にも後ろにも置くことができます。

妈妈买回来很多苹果。　／　妈妈买回很多苹果来。
Māma mǎihuilai hěn duō píngguǒ.　　Māma mǎihuí hěn duō píngguǒ lai.
お母さんはたくさんのリンゴを買って帰って来る。

他从书包里拿出来一个手机。／他从书包里拿出一个手机来。
Tā cóng shūbāoli náchulai yí ge shǒujī.　　Tā cóng shūbāoli náchū yí ge shǒujī lai.
彼は鞄から携帯を１台取り出す。

ポイント2 進行中か未来の場合、目的語は"来""去"の前

動作が今行われているか、これから行われる場合、目的語は"来"や"去"の前に置くことが多いです。

動詞 ＋ (进/出/上/下/回/过) ＋ 目的語 ＋ 来/去

她拿出女儿的照片来，给我们看看。
Tā náchū nǚer de zhàopiàn lai, gěi wǒmen kànkan.
彼女は娘の写真を取り出し、私たちに見せてくれる。

你能想出什么好办法来吗？
Nǐ néng xiǎngchū shénme hǎo bànfǎ lai ma?
君たち何かいい方法が出てきた？

練習問題

1つ選んで入れてみよう。

[来，去]

❶ 我们昨天才回美国。
Wǒmen zuótiān cái huí Měiguó.

私たちは昨日アメリカに帰ってきたばかりです。

❷ 大家能想出什么好办法吗？
Dàjiā néng xiǎngchū shénme hǎo bànfǎ ma?

皆さんどのような良い方法を思いつきますか？

❸ 服务员跑上楼。
Fúwùyuán pǎoshàng lóu.

店員さんは階段を駆け上がって行った。

❹ 他们都走回家了。
Tāmen dōu zǒu huíjiā le.

彼らはみな歩いて家に帰って行った。

❺ 你们回房间！
Nǐmen huí fángjiān.

君たち部屋に戻って行ってください。

❻ 你们去找几个人！
Nǐmen qù zhǎo jǐ ge rén!

君たち何人か探して来てくれ。

❼ 我们昨天才回东京。
Wǒmen zuótiān cái huí Dōngjīng.

私たちは昨日ようやく東京に戻って来た。

すっきり

- 場所を示す目的語は、"来"や"去"の前に置く。
- 目的語は、"来"や"去"の前にも後ろにも置ける。
- 動作が今行われているか、これから行われる場合、目的語は"来"や"去"の前に置くことが多い。

+α　"把"構文の方向補語

"把"構文で方向補語が使われる場合、話し手も聞き手も何を指しているか分かっていることが多いです。

你把那些垃圾拿出去吧。
Nǐ bǎ nà xiē lājī náchuqu ba.
君はそれらのゴミを持って行きなさいよ。

请把墙上的海报摘下来。
Qǐng bǎ qiángshang de hǎibào zhāixialai.
どうぞ壁のポスターをはがしてください。

你别把这些资料拿回去。
Nǐ bié bǎ zhè xiē zīliào náhuiqu.
君はこれらの資料を持って帰らないで。

もやもや29 「できない」の使い分け

"不能回来" と "回不来" の違いは？

助動詞 "不能" も、可能補語 "回不来" も「帰って来られない」という意味で使えます。ただし、禁止する場合は "不能" を、できない理由を具体的に言う場合は補語を使います。

キホンのルール

まず、助動詞 "能" の前に "不" つけると「〜できない」になります。また、可能補語の否定は動詞と結果補語や方向補語の間に "不" を入れて、「(客観的な条件があって) できない」という意味を表します。

明天的会议他参加不了。
Míngtiān de huìyì tā cānjiābuliǎo.
明日の会議は彼は参加できない。

ポイント1 道義上の不許可と禁止

道義上許可できなかったり、禁止する場合よく "不能" を使います。

听说现在北京大学不能随便进去了。
Tīngshuō xiànzài Běijīng dàxué bù néng suíbiàn jìnqu le.
北京大学は現在自由に中に入ることができなくなったそうです。

这条河太脏，我们不能游泳。
Zhè tiáo hé tài zāng, wǒmen bù néng yóuyǒng.
この川はとても汚いので、私たちは泳ぐことができない。

ポイント2 できない理由を言う場合は可能補語の否定

できない理由について具体的に言う場合、可能補語の否定がよく使われます。

動詞＋不起（高くて〜できない）

那件衣服太贵了，我买不起。
Nà jiàn yīfu tài guì le, wǒ mǎibuqǐ.
あの服は高すぎる、私は（高くて）買えない。

高铁票价实在太贵，想坐也坐不起。
Gāotiě piàojià shízài tài guì, xiǎng zuò yě zuòbuqǐ.
高速鉄道の切符は高すぎて、乗りたくても（高くて）乗れない。

動詞＋不了（〜しきれない、〜のはずがない）

这么多菜，一个人根本吃不了。
Zhème duō cài, yí ge rén gēnběn chībuliǎo.
こんなにたくさんの料理、一人では食べきれない。

天气越来越热，我真受不了了。
Tiānqì yuè lái yuè rè, wǒ zhēn shòubuliǎo le.
天候がだんだん暑くなってきた。私は本当に耐えられない。

練習問題

日本語に合わせて、作文してみよう。

❶ 我房间的钥匙丢了，我_____。
Wǒ fángjiān de yàoshi diū le, wǒ   .

私の部屋の鍵をなくしたので、私は入って行けません。

❷ 这里_____。
Zhèli   .

ここではタバコを吸ってはいけない。

❸ 他汉语写得很好，但是_____。
Tā Hànyǔ xiěde hěn hǎo, dànshì   .

彼は中国語がよく書けますが、話せません。

❹ 太贵了，我_____。
Tài guì le, wǒ   .

高すぎる。私は買えません。

❺ 他明天突然有事，_____。
Tā míngtiān tūrán yǒu shì,   .

彼は明日突然用事ができて、来られなくなった。

❻ 请注意，这里_____。
Qǐng zhùyì, zhèli   .

どうぞ気をつけてください。こちらは駐車できません。

❼ 春节机票太贵，我_____。
Chūnjié jīpiào tài guì, wǒ   .

春節の航空券は高すぎて、私は乗れない。

すっきり

- 助動詞"能"の前に"不"つけると「〜できない」になる。
- 可能補語の否定は、動詞と結果補語や方向補語の間に"不"を入れて、「(客観的な条件があって)できない」という意味を表す。
- 道義上許可できなかったり、禁止する場合よく"不能"を使う。
- できない理由について具体的に言う場合、可能補語の否定をよく使う。

+α　できる理由とできない理由

　日本語で「できる」「できない」と言うとき、中国語では「どうしてできるのか」もしくは「どうしてできないのか」を考える必要があります。

明天的会议她参加不了。
Míngtiān de huìyì tā cānjiābuliǎo.
明日の会議に彼女は(用事があって)参加できない。

　次の文は、不許可でも禁止でも解釈できます。

明天的会议她不能参加。
Míngtiān de huìyì tā bù néng cānjiā.
明日の会議に彼女は(用事があって)参加できない。/明日の会議に彼女は参加できない(参加してはいけない)。

もやもや30 "上""下"の派生的意味

"上"は「上へ上がる」とは限らない？

"上"は、動詞や方向補語で"上"「上へ上がる」という意味ですが、意味が拡張し、派生的な意味で使う場合があります。

キホンのルール

動詞に"上"や"下"をつける場合、"来"か"去"もつけることが多いです。

爸爸，我们一起爬上山顶去吧。
Bàba, wǒmen yìqǐ páshàng shāndǐng qu ba.
お父さん、僕たち一緒に山の頂上に登ろうよ。

一只青蛙跳下去了。
Yì zhī qīngwā tiàoxiàqu le.
1匹のカエルが水の中に飛び込んでいった。

ポイント1 「動詞＋上」の派生的意味

方向の意味ではなく、「動詞＋上」の組み合わせで使うことがよくあります。「合わさる、くっつく」という意味で、"闭上眼睛"（目を閉じる）、"穿上衣服"（服を着る）のように使います。また、「好きになる、目標が達成する」という意味で、"看上她"（彼女を好きになる）、"考上北大"（北京大学に合格する）などのように使います。

你别忘了把门锁上。
Nǐ bié wàngle bǎ mén suǒshàng.
君は鍵をかけるのを忘れるな。

我迷上了她。
Wǒ míshàngle tā.
私は彼女に夢中になった。

我们能住上宽敞明亮的大房子了。
Wǒmen néng zhùshàng kuānchǎng míngliàng de dà fángzi le.
私たちは広々とした明るい大きな家に住めるようになった。

ポイント2 「動詞＋下」の派生的意味

　方向の意味ではなく、「動詞＋下」の組み合わせで使うことがよくあります。「離れる、離脱」という意味で、"脱下鞋子"（靴を脱ぐ）、"解下领带"（ネクタイを取る）のように使います。また、「留まる、結果の残存」という意味で、"剩下伤痛"（痛みが残る）、"写下些回忆"（思い出を少し書き残す）などのように使います。

如何拆下笔记本的硬盘？
Rúhé chāixià bǐjìběn de yìngpán?
どうやってノートパソコンのハードディスクを取り外すの？

为未来打下了良好的基础。
Wèi wèilái dǎxiàle liánghǎo de jīchǔ.
将来のためにしっかりとした基礎を打ち出した。

練習問題

1つ選んで入れてみよう。

[上，下]

❶ 童话故事打（　）了很好的基础。
Tónghuà gùshi dǎ　　le hěn hǎo de jīchǔ.

童話の物語はいい基礎を作った。

❷ 不信？　我就这样考（　）了公务员。
Bú xìn?　　Wǒ jiù zhèyàng kǎo　　le gōngwùyuán.

信じないの？　私はこうして公務員に合格しました。

❸ 经过了多年的努力，我昨天终于坐（　）了位子。
Jīngguòle duōnián de nǔlì,　　wǒ zuótiān zhōngyú zuò　　le wèizi.

長年の努力を経て、私は昨日ようやく社長の椅子に座った。

❹ 我要摘（　）一朵花送给你。
Wǒ yào zhāi　　yì duǒ huā sòng gěi nǐ.

私は1輪の花を摘んで君に贈りたい。

❺ 麻烦你把门关（　），好吗？
Máfan nǐ bǎ mén guān　　, hǎo ma?

すみませんが、ドアを閉めてもらえますか？

❻ 他给我们留（　）了深刻的印象。
Tā gěi wǒmen liú　　le shēnkè de yìnxiàng.

彼は私たちに深い印象を残した。

❼ 你闭（　）眼睛会想到谁？
Nǐ bì　　yǎnjing huì xiǎngdào shéi?

君が目を閉じて思い浮かぶのは誰かな？

すっきり

- 動詞に"上"や"下"をつける場合、"来"か"去"もつけることが多い。
- 方向の意味ではなく、「動詞＋上」「動詞＋下」の組み合わせで使うことがよくある。
- 「合わさる、くっつく」という意味で、"闭上眼睛"（目を閉じる）、"穿上衣服"（服を着る）。
- 「好きになる、目標が達成する」という意味で、"看上她"（彼女を好きになる）、"考上北大"（北京大学合格する）。
- 「離れる、離脱」という意味で、"脱下鞋子"（靴を脱ぐ）、"解下领带"（ネクタイを取る）。
- 「留まる、結果の残存」という意味で、"剩下伤痛"（痛みが残る）、"写下些回忆"（思い出を少し書き残す）。

+α 派生的な意味の方向補語

本来の意味から派生して使われる方向補語があります。"下来"は、動的な状態から静的な状態になることを、"下去"は、「〜し続ける」という継続を表します。

吵闹的教室里，大家突然安静下来了。
Chǎonào de jiàoshili, dàjiā tūrán ānjìngxialai le.
うるさい教室の中で、みんな急に静かになった。

只要你坚持下去，就一定会成功的。
Zhǐyào nǐ jiānchíxiaqu, jiù yídìng huì chénggōng de.
君が頑張り続けさえすれば、きっと成功するだろう。

練習問題の解答

1 中国語は時制よりアスペクト
❶ 在　❷ 着　❸ 了　❹ 过　❺ 正　❻ 呢　❼ 正在

2 語気助詞の"了"
❶ ○　❷ ×　❸ ○　❹ ○　❺ ×　❻ ×　❼ ○

3 「動詞＋了＋目的語」
❶ B　❷ A　❸ A　❹ A　❺ B　❻ A　❼ A

4 セットで使われる"了"
❶ 可　❷ 都（已经）　❸ 太　❹ 不太　❺ 已经（都）　❻ 都　❼ 已经

5 「形容詞〜＋了。」
❶ 不要　　　　❷ 前天我买了一本美国杂志。
❸ 不要　　　　❹ 天暖和了，樱花开了没？
❺ 我不喜欢他了。　❻ 天气越来越冷了。
❼ 不要　　　　❽ 我点了五个菜。

6 近未来の"了"
❶ 要　❷ 该　❸ 快　❹ 太　❺ 了　❻ 都　❼ 可

7 経験の"过"
❶ 过　❷ ×　❸ 了　❹ 了　❺ 过　❻ 过　❼ ×

8 背景や状況の提示
❶ 着　❷ 在　❸ 着　❹ 在　❺ 着　❻ 在　❼ 在

9 完了したのに"了"が使えない
❶ 不要　❷ 吃了饭再去看电影。　❸ 不要　❹ 不要
❺ 不要　❻ 他的脸红了。　❼ 不要

10　結果の持続の"了"

❶ 他已经结婚了。
❷ 我妈妈在沙发上坐着。
❸ 她父亲去年去世了。
❹ 男朋友跟我一个月没联系了。
❺ 我等了五个小时。
❻ 秋天来了，树叶落了。
❼ 牌子上写着"禁止入内"。

11　語順のルール

❶ 请再说一遍。
❷ 他每天起得很早。
❸ 他会滑雪吗？
❹ 我们都过得很快乐。
❺ 你能说得具体点吗？
❻ 我只去过美国。

12　様態補語

❶ 他网球打得很好。
❷ 我女儿钢琴弹得真不错。
❸ 没想到他饺子包得那么好。
❹ 他汉语说得很流利。
❺ 他棒球打得好，足球踢得不好。
❻ 我妹妹舞跳得很好。

13　数の位置

❶ 我儿子昨天七点起床。
❷ 听说不少科学家每天只睡四个小时，是真的吗？
❸ 我们的老师让我们一天朗读二十分钟课文。
❹ 每天午睡半个小时对身体有哪些好处？
❺ 他昨天电视看了两个小时。/他昨天看了两个小时电视。
❻ 我每天晚上十一点睡觉。

練習問題の解答

14 受身文
❶ 我的汽车**会**被台风吹翻。
❷ 葡萄酒**已经**被同事喝完了。
❸ 我的意见**不**被班主任重视。
❹ 键盘**已经**被他弄坏了。
❺ 苹果**会**被人吃掉。
❻ 我从来**没**被老师批评过。

15 2つの目的語
❶ 一个礼物　❷ 这件事　❸ 一本书　❹ 这件事
❺ 这本辞典　❻ 这条裙子

16 比較文
❶ 得多　❷ 多了　❸ 和　❹ 不比　❺ 相比　❻ 比起　❼ 那么

17 離合詞
❶ 他打什么工?
❷ 我在中国留过一年学。
❸ 我见过她一次面。
❹ 明天我请你的客。
❺ 你替我向张老师问好。
❻ 好了，你别生我的气了。
❼ 妈妈在生哥哥的气。

18 存在・出現
❶ 突然来电话了。
❷ 下雨了。
❸ 墙上贴着一幅画。
❹ 昨天晚上刮了大风。
❺ 火车里坐着不少客人。
❻ 校园里种着很多花。
❼ 屋里突然跑出来一只老鼠。

19　名詞の場所性
❶ 老师在黑板 上 写了很多字。
❷ 桌子下面有个杯子，并且杯子 里 有个勺子。
❸ 我再也不在街 上 乱吃东西了。
❹ 我在图书馆 里 看书。
❺ 柜台 上 放着一个花瓶。
❻ 你的书放在桌子 上 。

20　"有点儿""一点儿""一会儿"
❶ 有点儿　　❷ 一点儿　　❸ 一会儿　　❹ 一下
❺ 有点儿　　❻ 一点儿　　❼ 一会儿，一会儿

21　中国語の補語
❶ 他今天早上起 得 很早。
❷ 我肚子饿 得 慌。
❸ 这篇中文小说不太难，大家都看 得 懂。
❹ 他跑 得 不快。
❺ 黑板上的字太小了，我看 不清楚 。
❻ 你来 得 正好。

22　状語
❶ 我要认真地学习。
❷ 东南业经济发展得很快。
❸ 昨天风刮得很厉害。
❹ 王老师讲得很清楚。
❺ 我想一个人静静地思考。
❻ 她无精打采地回家了。
❼ 他日语说得像日本人一样。

練習問題の解答

23　程度補語"得"
❶ 不要　　❷ 每天限时供水，村民渴得慌。
❸ 不要　　❹ 我读了这篇后惭愧得不得了。
❺ 不要　　❻ 听说他病得很厉害。　　❼ 最近我忙得要命。

24　結果補語・結果補語の諸相
❶ 直到现在我还没收到他的信。
❷ 我已经做完作业了。
❸ 他说的方言我没听懂。
❹ 对不起，我打错了。
❺ 我已经记住车牌号码了。
❻ 火车票买到了吗？
❼ 他的话，大家都听懂了吗？

25　完成の結果補語
❶ 书店没有这本书，所以我没买到。
❷ 你昨晚睡好了吗？
❸ 吃完饭多久以后可以泡澡？
❹ 在泰安市什么地方能看到泰山全景？
❺ 你做完作业，再去玩儿吧！
❻ 行李都准备好了。
❼ 电影票都卖完了。

26　方向補語
❶ 你把那幅画儿拿下来。
❷ 他们已经跑进去了。
❸ 从美国买回来的苹果手机能在大陆用吗？
❹ 他们已经回去了。
❺ 一头猪跑来了。
❻ 他们已经走进去了。
❼ 数学作业忘带回来了，怎么办？

27　複合方向補語
❶ 这些梨子你拿回去吧。
❷ 他把眼镜摘下来了。
❸ 那天我从学校跑出来了。
❹ 请把椅子拿回去。
❺ 我弟弟从楼上跑下来了。
❻ 我把舌头伸出来了。
❼ 我不小心把口香糖咽下去了。

28　方向補語と目的語
❶ 我们昨天才回美国来。
❷ 大家能想出什么好办法来吗?
❸ 服务员跑上楼去。
❹ 他们都走回家去了。
❺ 你们回房间去!
❻ 你们去找几个人来!
❼ 我们昨天才回东京来。

29　「できない」の使い分け
❶ 进不去了　❷ 不能抽烟　❸ 不会说　❹ 买不起
❺ 来不了了　❻ 不能停车　❼ 坐不起

30　"上""下"の派生的意味
❶ 下　❷ 上　❸ 上　❹ 下　❺ 上　❻ 下　❼ 上

中国語文法
早わかりシート

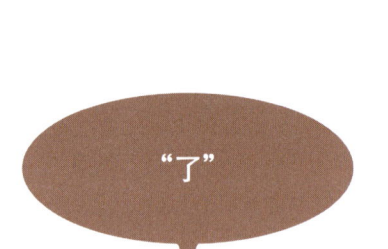

"了"

1 中国語は時制よりアスペクト

- 日本語の過去形の「〜た」と聞いたら"了"と考えるのはやめよう。
- 中国語では時制ではなく、「その動作がどの段階なのか？」という「アスペクト」で考える。
- 「進行しているのか？」「完了しているのか？」「経験したことがあるのか？」という３つの段階がある。

2　語気助詞の"了"

- 文末に置く"了$_2$"は新たな事態の発生・状況の変化を表す語気助詞。
- 現時点で、ある期間にある動作が継続し、今後も継続の可能性がある場合は、「動詞（持続的意味）＋了$_1$＋期間＋了$_2$。」。
- ある瞬間的動作が行われ、現時点でのその発生後の経過時間を示す場合は、「動詞（瞬間的意味）＋了$_1$＋期間＋了$_2$。」。

3　「動詞＋了＋目的語」

- 動詞の完了・実現の"了$_1$"は動詞の後に置き、新たな出来事の発生・状況変化の"了$_2$"は文末に置く。
- 「動詞＋了$_1$＋目的語」の文末に"了$_2$"をつける場合、"了$_1$"を省略できる。
- 目的語の前に数量表現を使う場合は、"了$_2$"を使わずに文を言い切れる。
- 目的語の前に修飾表現を使う場合は、"了$_2$"を使わずに文を言い切れる。

4 セットで使われる"了"

- "了"は、完了と変化以外でも、セットで使われる。
- 強調の"太〜了。"。その否定は部分否定の意味で"不太〜。"。
- 特に感情や感想を強く言う場合によく使う"可〜了。"。
- "都〜了。""已经〜了。"は、「もう〜になった」。

5 「形容詞〜+了。」

- 形容詞は、完了の意味で、"了"をつけられない。
- 新たな事態の発生の場合に文末に"了"をつける。
- 「もう〜ではなくなった」と形容詞を否定する場合、"不〜了。"を使う。

6 近未来の"了"

- "了"は"要"と一緒に、近い将来を表す。"要～了。"、"快（要）～了。"、"就（要）～了。"の順により差し迫っている状況を表す。
- 「主語＋快＋動詞および動詞フレーズ＋了。」の語順。
- 「(そろそろ)～すべきだ」「～の番になった」という近い将来の意味で"该～了。"を使う。

7 経験の"过"

- 「～したことがある」でも、頻繁に起きることには"过"は使わない。
- "过"は「～したことがある」という経験に意味の重点があり、"了"は「～した」という完了に意味の重点がある。
- ある期間を経て完了したことを表す場合、"过"は使えない。

8 背景や状況の提示

- "着"で、動作の進行を表すわけではない。
- 「動詞＋着」により背景や状況を示し、それによって、結果の持続か、動作の持続として使う。
- 「動詞＋着」は背景や状況の提示で、文全体ではこのような背景や状況の下で何が起こったかを示す。"在""呢"と一緒に使うことで、動作の進行を表す。

9 完了したのに"了"が使えない

- 習慣的なことは過去のことでも"了"をつけない。
- 目的語が"聘用"（雇う）、"戒烟"（禁煙）など動詞フレーズの場合、過去のことでも"了"をつけない。
- 「～と言った」など引用文では、"了"をつけない。

10 結果の持続の"了"

- 日本語で「～ている」を、自動的に"着"にしてはいけない。
- 「結婚する」や「落とす」「死ぬ」などの「瞬間的な動詞」は、変化後の状態を表すのに動詞のすぐ後ろに"了"を置く。
- 動作が「1時間」「2時間」など一定期間続いている、または続いていたことを言う場合、"了"を使う。
- "没"で否定するときは"了"を使わないが、"没"の前に期間を表す語がある場合、"了"を使う。

語順

11 語順のルール

- 中国語の基本的な構造は２つ。「主語＋副詞＋動詞＋目的語」「主語＋副詞＋動詞＋補語」。
- 補語は、動詞または形容詞の後ろに置いて、その結果や状況について補足する。よく"得"と一緒に使う。
- 中国語の助動詞は、動詞の前に置く。

12 様態補語

- 動詞や形容詞の後に"得"をつけ、その程度、様子、状態や状況を詳しく説明する語を、様態補語と呼ぶ。
- 目的語のある動詞が様態補語も伴う場合、動詞が繰り返される。「動詞＋目的語＋動詞＋得＋様態補語」
- 目的語の前の動詞は省略できる。
- 目的語を主語の前に置く場合、動詞を繰り返さない。

13 数の位置

- 動作の回数や量は量詞と一緒に動詞の後に、物や事は回数の後に置く。
- 人称代名詞は、数の前にも置ける。
- 動作の時点は、動詞の前に置く。
- 時間の量は、動作の後に置く。
- 動作の期間は、動詞の前に置く。

14 受身文

- 受身文は、「主語＋被＋人・物＋動詞（〜）」という語順。
- "被"を使った文を否定する場合、"不"や"没"は"被"の前に置く。
- 副詞は"被"の前に置く。
- 助動詞は"被"の前に置く。

15 2つの目的語

- 「~に~を~する」という二重目的語文では、「主語＋動詞＋目的語₁（~に）＋目的語₂（~を）」の順。
- 「~を」という目的語₂が物の場合、数詞＋量詞をつける。
- 「~を」という目的語₂には「この事」や「あの本」など特定の物は置けない。話題として文頭に置くか、"把"構文にして動詞の前に置く。

16 比較文

- "喜欢"のように目的語のある動詞の比較文は、"相比"や"比起"を使う。
- 最初に比べる物を２つ言った後、程度の高い方を目的語にして言う方法もある。

17 離合詞

- 離合詞は、「動詞＋目的語」でできていて、すでに目的語があるので、直接後ろに目的語を置くことができない。
- 離合詞の中に、人称代名詞や数詞などを入れることができる。
- 目的語が"跟""给""向"などに導かれる場合は、離さない。

18 存在・出現

- 存在や出現を表す場合は、「場所＋動詞＋人・物」の順。
- 新しい情報は動詞の後。自然現象も新しい情報。
- すでに話題に出た物、知っている物は主語に。

19 名詞の場所性

- 国名・地名など場所を表す固有名詞には、"里""上"をつけない。
- 場所を表す空間・組織は、"里""上"を省略できる。
- 場所を表さない名詞には、"里""上"が必要。

20 "有点儿""一点儿""一会儿"

- "有点儿"は形容詞の前に、"一点儿"を形容詞の後に置く。
- "一会儿"は、動詞の後ろか、副詞として動詞や形容詞の前に置く。
- 動作の時間や動作量が少なく、または1回行うことを表す"一下"は、動詞の後に置く。

補語

21 中国語の補語

- 動詞の方向を表す方向補語と、動詞の結果を表す結果補語がある。
- 動作の様子や結果の状態を表すのが、様態補語。
- 程度を強調するのが、程度補語。
- 動詞と方向補語や結果補語の間に"得"か"不"を入れて、可能・不可能を表すのが可能補語。

22 状語

- 動詞や形容詞の前に置き、それにかかる語を状語と呼ぶ。形容詞、および「形容詞+地」など。
- 状語は、かかる動詞・形容詞がどのようなものかを説明し、補語は、補足する動詞・形容詞の後に置き、結果や状況を説明する。
- 願望表現は動作の状況や結果を説明しないため、補語は使えない。
- 動作の結果を説明する場合、状語は使えない。補語を使う。

23 程度補語 "得"

- 「形容詞/動詞＋得＋程度補語」の形で使い、その様子・程度・状況を詳しく説明する。否定や疑問は、補語の部分で行う。
- "得"をつける程度補語に、"得不得了""得慌""得厉害"がある。
- "得"をつけない程度補語に、"死了""坏了""透了""多了"がある。

24 結果補語・結果補語の諸相

- 「動詞＋補語」という形で、動作の結果を表す。否定は"没"を使う。
- 動詞は動作だけを表し、結果補語で結果を表す。
- 日本語は結果しか表さないが、中国語は動詞と一緒に結果を表す。

25 完成の結果補語

- 完成を示す結果補語には、"到""好""完"がある。
- "到"は目的の到達を意味する場合に使う。
- "好"は「ちゃんと〜する」「出来上がる」ときなど、質的な完成に使う。
- "完"は量的に完成、つまり「終わった」ときに使う。

26 方向補語

- 方向補語は、動詞の後に置き、動作の方向を表す。
- 動詞の"进""出""上""下""回"はあまり単独では使わず、方向補語"来"や"去"をつける。
- 方向補語と一緒に使う動詞でも、"来"や"去"などの方向補語を使わず、動詞単独で使うことがある。

27 複合方向補語

- 方向補語を2つつけることがあり、複合方向補語と呼ぶ。
- 「動詞＋进／出／上／下／回」は、"来"や"去"をつけることが多い。
- "把"構文で"进""出""上""下""回"を使う場合は、"来"や"去"をつける。

28 方向補語と目的語

- 場所を示す目的語は、"来"や"去"の前に置く。
- 目的語は、"来"や"去"の前にも後ろにも置ける。
- 動作が今行われているか、これから行われる場合、目的語は"来"や"去"の前に置くことが多い。

29 「できない」の使い分け

- 助動詞"能"の前に"不"つけると「～できない」になる。
- 可能補語の否定は、動詞と結果補語や方向補語の間に"不"を入れて、「(客観的な条件があって) できない」という意味を表す。
- 道義上許可できなかったり、禁止する場合よく"不能"を使う。
- できない理由について具体的に言う場合、可能補語の否定をよく使う。

30 "上""下"の派生的意味

- 動詞に"上"や"下"をつける場合、"来"か"去"もつけることが多い。
- 方向の意味ではなく、「動詞＋上」「動詞＋下」の組み合わせで使うことがよくある。
- 「合わさる、くっつく」という意味で、"闭上眼睛"（目を閉じる）、"穿上衣服"（服を着る）。
- 「好きになる、目標が達成する」という意味で、"看上她"（彼女を好きになる）、"考上北大"（北京大学合格する）。
- 「離れる、離脱」という意味で、"脱下鞋子"（靴を脱ぐ）、"解下领带"（ネクタイを取る）。
- 「留まる、結果の残存」という意味で、"剩下伤痛"（痛みが残る）、"写下些回忆"（思い出を少し書き残す）。

語順のまとめ

文の基本語順

● 主語 ＋ 動詞 ＋ 目的語
　 他　　　打　　　网球。
　（彼はテニスをする）

●＋助動詞

　主語 ＋ 助動詞 ＋ 動詞 ＋ 目的語
　 他　　　会　　　打　　　网球。
　（彼はテニスができる）

●＋副詞　　　　　　　　　　　＋助動詞

主語 ＋ 副詞 ＋ 動詞 ＋ 目的語　　　主語 ＋ 副詞 ＋ 助動詞 ＋ 動詞 ＋ 目的語
他们　　常常　　打　　　网球。　　　他们　　都　　　会　　　打　　　网球。
（彼らはよくテニスをする）　　　　　（彼らはみなテニスができる）

●＋補語　　　　　　　　　　　＋目的語

主語 ＋ 動詞 ＋ 補語　　　　　　　　主語（＋ 動詞）＋ 目的語 ＋ 動詞 ＋ 補語
我们　　饿　　　死了。　　　　　　　他　（打）　　网球　　打得　真棒。
（私たちはお腹がすいてたまらない）　（彼はテニスをするのが本当に上手だ）

他　　　打　得　真棒。
（彼は打つのが本当に上手だ）
＊よく"得"を伴う

二重目的語文

主語 ＋ 動詞 ＋ 目的語₁ ＋ 目的語₂
我　　　给　　　你　　　一张电影票。
（私はあなたに1枚の映画のチケットをあげた）

連動文

主語 ＋ 動詞₁（＋目的語） ＋ 動詞₂（＋目的語）
我　　　去书店　　　　　　买书。
（私は本屋さんへ行って本を買った）

兼語文

主語 ＋ 動詞 ＋ 目的語
　　　　　　　　　　＝
　　　　　　　　　主語 ＋ 動詞 （＋目的語）

我　　　请　　　他　　　吃饭。
（私は彼にご飯をおごる）

存現文（存在および出現・消失を表す）

主語（場所） ＋ 動詞 ＋ 目的語（人/物）

校园里　　　种着　　　很多花。　存在
（キャンパスにはたくさんの花が植えられている）

前面　　　来了　　　一个人。　出現
（前から1人やって来た）

我们班　　　少了　　　一个人。　消失
（私たちのクラスは1人少なくなった）

"把"構文

主語 ＋ "把" ＋ 目的語 ＋ 動詞 ＋ 補足（"了"/"着"/補語など）
　　　　　　　　↑
　　　　（特定または既知のもの）

我　　　把　　　这本小说　　　看　　　完了。
（私はこの小説を読み終えた）

受身文

主語 ＋ "被"〜 ＋ 動詞

他　　　被公司　　　开除了。
（彼は会社に解雇された）

使役文

主語 ＋ "让"〜 ＋ 動詞

他　　　让孩子　　　看书。
（彼は子供に読書させる）

著者プロフィール

永江貴子（ながえ・たかこ）

拓殖大学外国語学部中国語学科准教授。お茶の水女子大学大学院修了、博士（人文科学）。北京大学に2年半留学、中国で日系企業に1年勤務。中国の言葉と中国の魅力の共有を目指す。著書に、『だいたいで楽しい中国語入門 使える文法』（三修社）がある。

校正協力

呂 莹
石井 晴菜
中内 剛

もやもやを解消！中国語文法ドリル

2015年7月30日　第1刷発行
2023年3月30日　第2刷発行

著　者　永江貴子
発行者　前田俊秀
発行所　株式会社 三修社
　　　　〒150-0001　東京都渋谷区神宮前2-2-22
　　　　TEL 03-3405-4511　FAX 03-3405-4522
　　　　https://www.sanshusha.co.jp
　　　　振替00190-9-72758
　　　　編集担当　安田美佳子
印刷所　萩原印刷株式会社

©Takako Nagae 2015 Printed in Japan
ISBN978-4-384-05784-3 C1087

JCOPY 〈出版者著作権管理機構 委託出版物〉

本書の無断複製は著作権法上での例外を除き禁じられています。複製される場合は、そのつど事前に、出版者著作権管理機構（電話 03-5244-5088 FAX 03-5244-5089 e-mail: info@jcopy.or.jp）の許諾を得てください。

イラスト：とつかりょうこ
本文デザイン：スペースワイ
カバーデザイン：白畠かおり